"Diabolically addictive."
  —*New York Post*

"A puzzling global phenomenon."
  —*The Economist*

"The biggest craze to hit *The Times* since the first crossword puzzle was published in 1935."
  —*The Times (London)*

"The latest craze in games."
  —*BBC News*

"Sudoku is dangerous stuff. Forget work and family—think papers hurled across the room and industrial-sized blobs of correction fluid. I love it!"
  —*The Times (London)*

"Sudoku are to the first decade of the twenty-first century what Rubik's Cube was to the 1970s."
  —*The Daily Telegraph*

"Britain has a new addiction. Hunched over newspapers on crowded subway trains, sneaking secret peeks in the office, a puzzle-crazy nation is trying to slot numbers Into small checkerboard grids."
  —*Associated Press*

"Forget crosswords."
  —*The Christian Science Monitor*

WILL SHORTZ PRESENTS
LARGE-PRINT
SUDOKU
TO GO

300 EASY TO HARD PUZZLES TO BOOST YOUR BRAINPOWER

INTRODUCTION BY
WILL SHORTZ

PUZZLES BY
PZZL.COM

ST. MARTIN'S GRIFFIN
NEW YORK

First published in the United States by St. Martin's Griffin, an imprint of St. Martin's Publishing Group

www.stmartins.com

ISBN 978-1-250-32498-6

Our books may be purchased in bulk for promotional, educational, or business use. Please contact your local bookseller or the Macmillan Corporate and Premium Sales Department at 1-800-221-7945, extension 5442, or by email at MacmillanSpecialMarkets@macmillan.com.

First Edition: 2024

10 9 8 7 6 5 4 3 2 1

Introduction

Throughout the history of puzzles and games, many of the biggest successes have come as complete surprises, because they've broken all the "rules."

Parker Bros. famously turned down the rights to the game Monopoly in 1934, because it had "52 design errors." It was too complicated, they said, it had too many pieces, and it took too long to play. So the inventor, Charles B. Darrow, produced and sold 5,000 handmade copies of Monopoly, they quickly sold out, and—once Parker Bros. finally bought the rights—it became the biggest game hit of 1935.

Similarly, the "experts" initially pooh-poohed Scrabble, Trivial Pursuit, crossword puzzles, and many other game and puzzle successes over the years.

Hardly anyone thought sudoku would be popular when it was introduced in Britain in late 2004 and the U.S. in 2005. The public was not interested in number puzzles, according to conventional wisdom. Yet we all know what happened. In less than a year, sudoku became one of the most popular puzzles in history. Virtually every newspaper has made room for a daily sudoku, sudoku books have been bestsellers since their introduction, and sudoku tournaments have been held across the country and around the world. *The Language Report* named "sudoku" the Word of the Year for 2005.

The craze goes on, and, to everyone's surprise, shows little sign of abating.

What's So Great About Sudoku?

The appeal of sudoku comes partly from the simplicity of the rules, which can be stated in a single sentence, and the compactness of the grid, combined with some unexpectedly subtle logic. Even longtime enthusiasts may not understand all the techniques needed to work it. Sudoku packs a lot of punch for so small a feature.

Sudoku is a flexible puzzle. It can be easy, medium, or hard, which you can select according to your skills and mood. And the amount of time needed to solve one—generally between 10 and 30 minutes, for most people for most puzzles—is about perfect in order to feed a daily addiction. If sudoku took less time, it wouldn't pose enough challenge, and if it took more, you might lose interest or simply not be able to fit sudoku into your schedule.

Like crosswords, sudoku puzzles have blank squares that are inviting to fill in. It's said nature abhors a vacuum. We as human beings seem to have a natural compulsion to fill up empty spaces. A sudoku addict has difficulty turning a page that has empty puzzle squares begging to be completed.

Sudoku also provides an appealing rhythm of solving. Generally the first few numbers are easy to enter. Then, in the harder examples at least, you can get stymied and maybe a bit frustrated. Once you make the critical breakthrough (or breakthroughs), though, the final numbers can come quickly, giving you a rush and a heady sense of achievement—often tempting you to start another sudoku immediately. Hence the addictiveness of sudoku, which is the "crack cocaine" of puzzles.

New Challenges

On the following pages are 300 absolutely top-quality sudoku puzzles rated Light and Easy (1–75), Moderate (76–150), Demanding (151–225) and Beware! Very Challenging (226–300). Every one has been checked, rechecked, and then re-rechecked to ensure that it has a unique solution, and that it can be solved using step-by-step logic. You never have to guess here.

As usual, all the puzzles in this book were created by my colleague Peter Ritmeester and the staff of PZZL.com.

Try them. And as one correspondent wrote me recently, you, too, will go "sudoku kuku."

—Will Shortz

How to Solve Sudoku

A sudoku puzzle consists of a 9 × 9–square grid subdivided into nine 3 × 3 boxes. Some of the squares contain numbers. The object is to fill in the remaining squares so that every row, every column, and every 3 × 3 box contains each of the numbers from 1 to 9 exactly once.

Solving a sudoku puzzle involves pure logic. No guesswork is needed—or even desirable. Getting started involves mastering just a few simple techniques.

Take the example on this page (in which we've labeled the nine 3 × 3 boxes A to I as shown). Note that the boxes H and I already have 8's filled in, but box G does not. Can you determine where the 8 goes here?

5	8	6					1	2
				5	2	8	6	
2	4		8	1				3
			5		3		9	
			8	1	2	4		
4		5	6			7	3	8
	5		2	3			8	1
7				8				
3	6			5				

A	B	C
D	E	F
G	H	I

The 8 can't appear in the top row of squares in box G, because an 8 already appears in the top row of I—and no number can be repeated in a row. Similarly, it can't appear in the middle row of G, because an 8 already appears in the middle row of H. So, by process of elimination, an 8 must appear in the bottom row of G. Since only one square in this row is empty—next to the 3 and 6—you have your first answer. Fill in an 8 to the right of the 6.

Next, look in the three left-hand boxes of the grid, A, D, and G. An 8 appears in both A and G (the latter being the one you just entered). In box A, the 8 appears in the middle column, while in G the 8 appears on the right. By elimination, in box D, an 8 must go in the leftmost column. But which square? The column here has two squares open.

The answer is forced by box E. Here an 8 appears in the middle row. This means an 8 cannot appear in the middle row of D. Therefore, it must appear in the top row of the leftmost column of D. You have your second answer.

In solving a sudoku, build on the answers you've filled in as far as possible—left, right, up, and down—before moving on.

For a different kind of logic, consider the sixth row of numbers—4, ?, 5, 6, ?, ?, 7, 3, 8. The missing numbers must be 1, 2, and 9, in some order. The sixth square can't be a 1, because box E already has a 1. And it can't be a 2, because a 2 already appears in the sixth column in box B. So the sixth square in the sixth row has to be a 9. Fill this in.

Now you're left with just 1 and 2 for the empty squares of this row. The fifth square can't be a 1, because box E already has a 1. So the fifth square must be a 2. The second square, by elimination, has a 1. Voilà! Your first complete row is filled in.

Box E now has only two empty squares, so this is a good spot to consider next. Only the 4 and 7 remain to be filled in. The leftmost square of the middle row can't be a 4, because a 4 already appears in this row in box F. So it must be 7. The remaining square must be 4. Your first complete box is done.

One more tip, and then you're on your own.

Consider 3's in the boxes A, B, and C. Only one 3 is filled in—in the ninth row, in box C. In box A you don't have enough information to fill in a 3 yet. However, you know the 3 can't appear in A's bottom row, because 3 appears in the bottom row of C. And it can't appear in the top row, because that row is already done. Therefore, it must appear in the middle row. Which square you don't know yet. But now, by elimination, you do know that in box B a 3 must appear in the top row. Specifically, it must appear in the fourth column, because 3's already appear in the fifth and sixth columns of E and H. Fill this in.

Following logic, using these and other techniques left for you to discover, you can work your way around the grid, filling in the rest of the missing numbers. The complete solution is shown below.

5	8	6	3	7	4	9	1	2
1	3	7	9	5	2	8	6	4
2	4	9	8	1	6	5	7	3
8	7	2	5	4	3	1	9	6
6	9	3	7	8	1	2	4	5
4	1	5	6	2	9	7	3	8
9	5	4	2	3	7	6	8	1
7	2	1	4	6	8	3	5	9
3	6	8	1	9	5	4	2	7

Remember, don't guess. Be careful not to repeat a number where you shouldn't, because a wrong answer may force you to start over. And don't give up. Soon you'll be a sudoku master!

WILL SHORTZ PRESENTS

LARGE-PRINT SUDOKU TO GO

SEARCHING FOR MORE SUDOKU?

Available at your local bookstore or online

	5		4		8	7		
	1	9	7	2	5			
6		4	9	3				
3	4	7	2			9		8
			8	9		6		
	6	8		7	3			
		6		4				
		2	1	5		8		6
					2		3	1

7	5	6	4	1	2			8
8		2	9	5				
	1		7					
	9				8		4	
	6	1			7	5		
	8		3		1	6		
6	3	5		2			1	
1	7			3	5		9	2
			1				6	5

9		8			5		3	
		2	8	9	3	7		6
3		7		6				
	9	3	7			1	4	8
	1			3		6		
		6					9	3
						3	2	7
6			2	5	7		1	
			3		4			9

Light and Easy

1	6	5		4				3
2		7					5	
				2				4
		3					8	
		9	1			5		
4	8		9			3		1
		1	8	9				
	5				4	1	7	9
	3	4	2	7			6	5

	7			8				5
		5		6	9		4	
9		4			1	3	6	2
			8		5	4	3	
8	4		9	1		5		
	5							1
5			2			6		
1	3		5		4	9		
4			1		6			

Light and Easy

		1			6			8
2					4			1
	8					9		
			1		7		4	
4			5				3	
	2							
1	5		2	4			8	
8		4	3				1	
3							5	7

6	9	7					5	3
	4			3	6	7		
					7		6	
		3		2			9	6
	1			7		3		2
		6						7
9		4		6		2	8	1
	7		2	1				
				8	4	9		

			9	8		7		
4			5	1				
9	5	1		7				
	6		7	5			8	3
				3				
			6			2		
		2		6				4
		8					1	
3	1	9						

2								
9		5		7		1		4
	3	4				5		
	5		9	6		7	4	
				5	8	6		
	1	2		4	3		8	
	2	3	1					
8	7			9				
4	9	1			5		7	

Light and Easy

				7	9		8	1
			2			5		
9			5				2	3
3		7		6				
					1			
6	4	2	7			8		
	2					1		8
7	3		6		4			9
8		6		5	2	3	7	4

4			9	7		5		
					6			
	2		3	5	4			
					3	7		9
8				1				6
	6	7				8		
	8	2				4		
1	7						6	8
	5			4	2			

8			2				3	6
	2	5	9	1				4
	3	7	6				5	
9		6		4				
			3		8		7	2
	8	3		7				5
		9	4	6	5	8		
	4		8	3		5		1
		8				4		3

		8		9				
9			5	1		2		
		2	6	4		1		8
6	8			2			1	
	1	3	7		9	8		
	2	9	1			7	3	
2		4	8	3		9		7
7		1				6	8	
			2	7	6			

14   Light and Easy

7	5					6		
			4	5		3	7	
4		3		6				8
					3		6	
	9	6	1			5		
5	7			8	6		3	2
2				9	7			6
8	1	7				2		3

2	8	7		4				
						8	9	
				5				1
		9		1				
5	3	8		6			2	
	4		2					
			3	2	5		6	7
4	5					3		

Light and Easy

	1	8			7	9	4	
4							7	3
	9							
								9
7	6			8	3		5	4
		2	4			7	6	
							3	
5		9		2				
6					1	5	9	2

1	5		8					6
		2			9		4	
		4	1	3	6	5	9	2
	1		6	5				
5	9		2			7		
			9					
6	8	1						
	3				1	2		
9	2					6	3	1

			2					
			9		5	8		
					4	7	2	
		5			2	1		
3		1	4					
6	4	8		3				
7	3		8					
	9					4		6
			7					3

						9		2
1		2	4				3	7
	9						1	
		8	3	6	9	1		
2				4				
			1		7			
		4			5			
		3				2	4	
			7			5	6	

20 Light and Easy

	3				1	4		6
				3	8			
1		6	5		9		7	8
			8			2		
			4	1	2		6	7
2	5		9				1	
5			7	9		6		
4		2		8		7	5	
6	7			2		9	8	4

	2		9	7			8	
7		8		5	4	1		2
	9	1		3	8	7		6
	5				9	8		
4		9	7				6	3
1		3	8		5		2	
8		2		9				
					7			9
	1	5		2	3		7	8

22 Light and Easy

		8	4	5	2			3
7		2		8		1	4	
6		5	7		3	2		
4					1		2	
		9		6	7			
8			3			9	1	7
		7	1	3		4	5	
3	5	4		2		6		
					4	3		9

2	1			5	6			9
		5			9			2
6	9	3	7		4			5
5	2		9	1	8	6		
							5	1
	6	1	5	7		2		4
					5	4		
3	4		6			5	7	
1	5			4	7	9	2	6

24 Light and Easy

				3				8
	8			5			7	4
3						1	6	
		3		8	2		1	
	5				7		8	
	1				4	9		2
	9	8						
			7		1			9
4							2	7

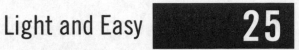

	8			6	7			4
	6		1				3	
7		4		3			2	
						2		
1	3		2				7	
			7					1
			6	5			4	3
5	9			2	4		1	
		8					5	

26　Light and Easy

4				8				
			5	9	3	8		6
			2					
6	5	2				1		4
	7		9	2				
3			1					
2		4						8
5	3							
8			4	7	2		5	

	3	8	5		6	7		9
	6							
1	4			7				6
9	7			6	5	3	1	
				4				
						9		
				3	8			
	9	6	7			4		5
8			4			2		

			6		7		5	
5				4		7		
7	4	6		9				
		8			3		1	9
			7			8		5
1			8				6	
	9		1					
					2			
2				5		1	9	

	5			3		9		6
9				5			2	
6			9			4		8
		5	1	8			3	2
3			6			7	1	9
			3				8	4
7	1			9		2		
8	2	3	4	6		1		
		9	2			8		

9		2	6	3			1	
				4				8
			5		1	3	6	2
7					2	8		1
			7	5				
	2	3		1				
8	7	4	3					5
5		1			9	2	8	3
		9				6		7

	6		7		5	4	2	
9						7	5	6
			2	6				
	1	4		3			9	7
		6				5		
7	5		4	2	9		6	
4			9		8	6		2
	7			4	2	1		
		8					3	

32 Light and Easy

2	3	7	1			8		
	5					1		2
1		8			6			3
		2	9	5	8	3	1	
		5	6			4		
8	6	9						5
		6		8		2		
	2	1		6	3			8
				1	9		5	7

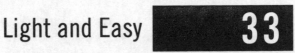

	7	5						
1	8	6		7	9	4		3
4			8		3			6
					4	2	3	
6	2					1		8
8	3	4		2				7
		7	2				8	
				9	8	6		
			3	5		9	1	

34   Light and Easy

		5						6
6				4	9			5
9		4	5	6	1	3	2	
	6	9	1		5			4
	4				2	5		3
			7			8		1
					3	6	1	9
		2		1		7		
	9				7	4		2

	2			9			3	
7		1		4			6	9
		9		8				
	4	7		3		5	8	
	3		7		2		9	
				1	4		7	6
	1	6	3			4	2	
	5	3		2		6		7
2								3

			6					
		7			3		9	
5	3						4	6	
	4	6	2			5	3	
9		2	3	4				1
7	8	3		5		6	4	
		5			9	3	8	
		8	4			7		
6	7	4			8			

	6						7	1
3	1	8	7			5	6	
				1	4			8
	4	2	1	3		6	5	
1		5			6		3	9
	9		8		7			
						7	4	
7			4		8		2	
2	3			7	5	1		6

38 Light and Easy

4	5	9	8					1
	6							9
	2		1			8		4
5		6		9	4	1		8
2	7	1			8		4	6
					2	5		
			2		1		8	
6	1		4		5		9	
		2	9	6	3	4		

1				9	5		6	
	9		7	2	6	1		
6	2						5	
	6			7	4		9	
		7			1	8	2	3
2	1	9		3				
7		2						
4	5				7	2		
	3		4				1	

40 Light and Easy

		7	6	5				
1						5		2
	5	3		1			4	
	6		1	8			2	5
5	1	2			6	8		9
	3		2		5		6	1
	4	5	9	2		3	8	
		8		4	9			
		8	5					

1	5							
		4	9	5		2	3	
2					7		1	4
4	7	1		9	6			8
		9	2			6		
	2	8						
	6			3				2
3				8		7	6	5
8		5	6			4		3

5		7	6		8	9		
9	8	1	7				3	4
2							5	
		6		9	3			5
3	1							9
		5	4	7				2
	2				4	7		
1	7	3		8	2			
			1				9	

7	4		1			3		
	6		3				2	1
	3	5	9		4			6
					5	6	3	9
			7		9			
3		4			6			
4	7	6	5		3	1		
5		3		7	2			
8					1	7		

44 Light and Easy

		5	4					
		3			7	2		
			5	9	8	4	7	3
	7		6	8	4	3		
9		8				1		
			2					6
		2		7	3		5	
		9		5	6			1

		8		2		3		
		5					7	
	2						1	
		2	1	8		4		
		7		5		2		
	1			6	4			
				7			8	4
	4					9	3	
5			9		8			

46   Light and Easy

8					6		4	
	7	5				6		
			1			9		5
1	6	7	8		3			2
		3		5	2			1
		2		6		3		
2	9	6		1	5	7	8	
	5	8		7	9	1		3
					8			6

				1	7	4	3	
9			8					1
					2			
				6	5		4	
6		1		8			9	
			1		3		8	
7	6			5				8
	5		3				6	
		4		2		3	7	

48 Light and Easy

				6			3	
8	1		4		5	2		
				9	1	8		
	3		1				8	
9			6	4	7			
		2	3		9	6		4
			5			1	9	
7	5	3		1				
4	9			2			6	

				4				1
				3	5		2	
		8				5		
			3	9			5	
				7	2		9	8
9					1		3	
1		7	8	2				
3	8			5				
		5	4		3	2	8	

					8	3	2	
								7
	2	3	6	7				
	3					7		5
6	9		5	1				8
2		8					3	1
9			2		7		6	
5		6	3	4			1	2
								4

7	8	1	6		2	9		5
9		2	7	1				
		6	8				1	2
2			3			8	5	1
	7	3	5					4
		8			9	3	6	
1	9				7		8	
8	6	7			3	4		9
		5				1		

52 Light and Easy

		2	5	4	7		3	6	
4	6	5				3			7
7	3				6	8		5
		6	8	1	5	4	7	9
			3	6	4	5		
		4						
	5	7			8			
	4		6		1		9	
	9	8	7				5	

5	6	9	2	3		8		4
2	3					1		
		8		7	6		2	
	8		5	9		2		7
				6	3	4		5
6	4				7		3	
1	5	6			2			
	2		6			7		
9				1			8	2

54 Light and Easy

	2	5		6		8		7
			5					
9		7	8	2				
		6	4		5	9	8	
	1	4		3				
3	5		2	8	7		6	1
	8		7		6			2
7		3		4			9	
	9			5	8	7		

56 Light and Easy

	9							
	8		1	5		2		
5	7	2		3	9			1
3	2	5	6	8			1	
	1			2			3	
9			3		1	8		
		1	7		8	3	2	6
7			4		2			
	6					9	4	

	4			3	6	5		
	7		4	1				6
	3	2	7		5		1	
		4		6				5
2			3		8		7	
	1	8			9			
9		7		2	4			
	6	3		5	7			
5			6			7	4	9

	9	5		1	6		2	8
			2					9
2	7				9	4		
			6		8	5		
		2		5		8		
5		8				6	7	1
	2	9	5			3	6	
8			9	6				7
6		7	1	2				

			6	3	7		1	5
1		4	8				7	3
		3	1		4	9	2	
5	1		4		3			
		2			6		4	
4		7		2			5	
9					5			
6					8	7		
3				6		5	8	4

4			8	9	3	2		
	2		1		4		3	
	9			2	6	4		5
		8			9		5	4
			3		1	7	2	8
3	7				5	1		
	3	9					1	7
	8	6						
		1				9		2

3			9	7				
			3	4		1		
4		9			2		7	
		5			6	9		
7		4	5			6		3
					7	4		1
5		1		6	9	8		4
9		8			3			
	3	2	7				1	

	9		1				4	
	4			6				2
7		1	9		3			
		7	2				8	4
		9	3		4	2		6
	8	2					3	1
			5		2	6		
				9		3		7
8	3	5			1		2	

		5	9				7	
7	4	3					5	6
6	9		5			8		4
			3					2
	3			8	2	5		7
	2	4		6			8	
			1	3				8
9	6			5				1
	1			2				

		7		6			3	
9						1	4	
	6	4			5			
1					8			5
			5	7		9	1	
5	3	9		4			6	
6				5	1		7	2
2				3	7	6		1
			6					

	8				7	6	1	4
6			4	3	1	2		
5	4						3	
1	6			2			9	
	7			1				
			6		4			1
		4			5			
		9			3	1		8
		3				9		6

3	2	7		9	8			
	6	8		3				
9			2					
	8							
		5	8	6				2
	4		9	5			3	
8	5		7	1		9		
6				4		5	7	
					9	2		

Light and Easy

				9	6		7	1
	1		8					
9				7		5		2
			4	5		9		
1		5		3	7	2		
					9			
8		4	3					
	2			8			6	4
7				4				3

	3	2			8	9	1	4
								3
		7	1				2	6
		8		7	6			
9	2	1	3				8	7
	6					4		
				4		5		8
8			6		7			

70   Light and Easy

		5	4				8	7
		3	2					
				7		3	2	9
					5	6	1	
			9	6				
	3	1						
	2		6		8			
		8						5
1	5	4			2		9	

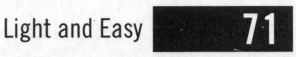

							9	5
6		9		5				
8	2				3			
				7				
9	3	8	1				6	
				3	4		1	
3		6		9				4
	1			4	8		7	
								1

Light and Easy

				6		5		1
		3						
	4							
			6	1			9	
			5		4	6		
		2			8	3		
7	1			3				8
	2					4	5	
				4	2			3

74 Light and Easy

1			9			3		2
					3			7
	2		1		6			5
							9	6
	1			4	8			
			4	3	2			8
		6						
		7		5			4	

	7				2	3		4
		9		5	3			
		4						
								8
			6		8	1	9	
		7	2				5	
	8			1		4		
	6					7		
	3	2						

2			7		9		6	
		7						
		1		5	2			
8		2		1		5		
		6			5		8	
							4	
5		8	4					6
1							2	
4				3	1			

		1		6			3	
	3			8	1			
		9		4			2	
						8		6
	6			3			7	4
4					2		5	
		3						
9					5			1
7	1	6						9

	6		9					
	8		1			2	9	
9			5		2		1	
	4		8			5	6	
6							4	
		5			3			7
		1			9	8	2	
8	9							
			3	1				

		3	8	6	2	1	5	
		6	1			9	8	
	3				7			
9	1	7				5		
		8						
					4		6	2
	4	5			6		9	7

		8					2	
		7			2			3
	9	1		7				6
		2				9		8
							1	
				5	4			
			7		8			5
			1		3		7	2
		9						

	4		9				8	7
		3						
2				1	6			3
	8						2	
			6					
	2				4	6	1	
4		5	2	9				
					1	7		
			8	7			3	4

	7	3			2			
6						3		2
			7		5		4	
		1	2					
			3		9		5	
8	5							
	4					8		1
2	8	9				4		
	1			4		9		

5					6		8	
	1							
		8		9	7	1		
2							5	8
	3	4	5	1		9		
			6	3				
						4		
1		2					6	
	9			5	4			

			7					
		5			6	2	9	
	1	3	9	2				6
8								
						9		3
		2				8		
	9		5					8
2				7			1	
3			8		4	5	6	

86   Moderate

					8			1
		4	9				6	
8		3				4		
2	7				9	8		
			1					5
				2	5			6
	8			9				2
			6				5	
			2		1	7		

	3		5	9				8
4							6	9
	9	2						
		9		2		8		
				7				5
8	6			4				2
6		7	1				8	
					6		4	
	8		4			1		

88 Moderate

				6				
				2	5		7	
4			9			3		2
			6		8			1
	1		7				2	8
3	8							9
						4	1	
8				4			9	
5		9	1				6	

6	7	2			8			1
4			5					
		1		6				
		4					9	2
					5	8	1	4
3	4		9				7	
	5						2	
9				4	7		8	3

			5		4	6		
9					1	4	3	
			3				5	2
		4				3		1
6	8					5		
	3						7	
		8	2		3			9
	1					7		
	7				8			3

	4		2					
		3	6					
7			9	8		1		
							4	
		8						3
1				7				
				1	2		6	
		9						
	5	7		3			8	

5						6		
1		3			8	4	2	
	4			5	6	3		
3	5							4
		7					5	3
		8			9		6	
				4			8	1
			1	7		2		

	3	7						
1								
			6		1			8
7		8			9			6
						7		
		9	5	4		3		
	4				8			
2					3			
3				2		9	6	4

94   Moderate

		7						5
2							9	
6					4			
	5		6			3		4
			3				7	
		4		9				
5		3			2		4	9
	4				3		1	
7	6				1	2	5	

		6	2				1	
1	4					3		7
						6	8	
					8			
	3	7	6			5		
5							7	1
					2			
		5		8			9	
	1			6		4		

96 Moderate

							3	
			1				7	6
	9	7						
	5				6			
				7	2	8		
		4	3				2	
		9	8	4		6		
	6	8			1	2		
	3			2	7		8	

	5			1		8		3
	3			6			9	2
			4	8				5
			1		8			
9		8					5	
				3	4			
			3		2		8	
		1	5	7			2	
7	9							

98 Moderate

	7			1				
1	4		9		3	2		
		8	5	2				
		2		9	4			
		3				5	9	
			6				2	
	5					1		
3							5	9
		1			9		3	

5			4					3
				5		8		
		9					6	
					2	5	1	
	8			9	7			
4								
	5					7		8
1								
6			2				3	9

	5		7	2	1			6
4				9				
	2		3				5	
	1	5					9	
	4					3		8
8	6		9	4				
						6	7	
		8						
			5		2			3

4				3				
	3	5						7
	6	7			4			
				7		8		9
			6					4
	8				9	2		
5				6			3	1
9	7		5			6		
		1	8			9		

Moderate

4	6		7				9	
								8
2					9	3		
		5	8	1			2	
		8	6		3	5		7
				9	2			
8			3			6		
	5		1			8		9
							7	

6					5	9	3	1
	4			3				5
		8			9			7
	5		6		4			9
	9			7				2
	6		8					
		4	2	5			1	
8		7						

104 Moderate

					1	7		
	4	3		7				
5	9	7		8				2
	2	9				3		
								1
			2		4		6	
3	8	4			9			
								3
7			4	1		6		

				5	6		8	
5						9		
	3	2						7
8	1	3					5	
		4		1		2		
		9	4					
						7		
		1		3		6		9
3			8	9		1		5

	9	6						2
			1	9		6	5	
	1	5		7				4
	8		2			9		
	5					1	2	
		4			5			
4			3		8			1
	3			1				
				2	7			

				9			5	
		6	7	2			4	
				1				6
		9	5			2		
5								8
	8	2				7		
	4				1	9	7	
			8		4	6	1	
7			3				8	

108 Moderate

		4		7		9		3
			6			1	8	
6				5			9	
9		5	1		8			6
8	3						4	
1					5			7
	7		9			3		5
		2			7			

	1					6		4
	9	8	6	4			1	
				1	2			
8				9				5
		4			5	7	3	
6			5	8		4	9	
1							7	
3								8

110 Moderate

			6	5	2		7	
2	9							
		5			4			
8		9	2					
	2		3		5			
				8	1	4		3
	8		4			1	5	
		1	8	6			3	9

		2			3			
	3		7	9				6
							4	8
	9	7	6					
	8		2	1			7	5
					7			1
					5	2		
				6		1		7
	1	8				9	5	

9			3			8		
	2				1		9	
		7				6		
1				9			2	
	8	3						
		5	4	7		1		8
3				5			7	9
4				2	7			
6								

					1			
7	6		5			8		
		2				3	7	
		4	1		8	7		3
5	8	6	9					4
3						4		
		5	4					
9				8	7	2		6

114 Moderate

8					9	2			
4	3					7			5
				8					
3				9		4	7		
5					7			4	8
	2	4							6
	6					1		5	
					4				3
		3	5						2

3	8						7	9
		2	5				4	
		5					3	2
				8	6	9	5	7
			1	2				
9								
				4	7	1	9	3
	2			5	3		8	

2	7		4	1			8	
		8					5	6
		4						
		3	5				9	
		9	7			8		
				4			7	
9			3	7	8	5	2	
5								
					2	9		7

5		6				9		1
1	4							
				5	4			
			5				6	
			9			7	8	
9		3				5		
8				1	7			
	7				9	1		
	9			8		6		4

			6					8
6		8		1		7		
7			3		9			
1					5	4	6	
								1
		5		4	6	2		
					1			
	2	1		7			5	
		4	8					3

120 Moderate

4			1					
					5			9
1	5			9		7		
		3	8	1	6	5		
	2				4			6
6					7	8		
5								
		8	7			2	9	
	7		6					5

6			8	4				
1	3	8		6				2
	4				2			3
	7			3	6			
			9					1
			2			5	7	
		4	7				6	8
						9		
				8		1	5	

122 Moderate

9	8		5	2				6
			6		7	9		
				3				
				6		4	3	
	2	7			3		8	
		4				5		
3	6			9		1		2
						7		
4		9			5			

8	5		2				1	
1		9		3		6	4	
	4	7		6		8		
2	3		1				7	
	9		8					
		3					9	
	2		3			4		8
						3		7

124 Moderate

8	3				1			
				2	8			3
7								
						4		
3		6		7				
			6		2	5	3	
	6							1
5		8		6	4	2		7
2					5	8		

	4			3		9		8
8	3						5	
		7		1			6	
9			8	2	7			
								3
	1		6			5		
					1		3	
3			7		2	1	8	
			3			2		

126 Moderate

			2		7	9		
	2					8		4
4				9	8	3		7
	7			1				
8				3				5
			7					
6		7			4		3	1
3						6		
					9	2		

4				9	1			8
6						2	1	
					2			
1				4			3	
	9				8	5		
8			3				9	2
				2		4		
7		1	5					
3				6		7		

Moderate

5		7	4	2				
	9	2				6		
			7					
								6
3	2	5			9	8		
	6	9	1	4		3		
7				8	2			
		4						
2	8		3		4			

	8					6		5
			1	5	3	9	4	8
				2			1	
		2						
					9			7
	7	9	5		8		6	
3	4			6	1			
			3					
6	1							

130 Moderate

		8			6	7		
	9		1			5		
2	7					9		6
		1	6	5		4		8
	5			2			3	
			3					1
6				4				
					3			
		7	2	6	9			

	6							1
4			3			8		
		3	7					
	5					4	9	
		4			9	3		6
		2			3			5
8				6	4			
		7		8		9	4	
5								2

132 Moderate

4	8					1		
2	7			3			5	
			2		7			
		8		7		3		
				9			2	
3		4	6					
	1		8	5		7		
7	4						3	
				4		5	6	

4		6	3					
	2						7	6
3								8
		8		6	2	4	1	
				5		6	3	
		5	4		7			
1		3	5				2	
	6					1		
			2	4				

134 Moderate

7		5						
	6			7		8		3
		4				1		
		3	6		8	9	1	
	2	8	1	3				
	9							
			7			3		
	3					6	8	5
				6	5			7

							9	
	3		9		1	7		
2				6				5
4				8	9		5	6
	5		6		3	9	7	8
			7					
9	4					1		2
		5					6	
3								

136 Moderate

		1			7			
		9		6		5		
2	4		9				1	
	5		1	2			4	
	2	3	4	9				
9	6				8			
				5			6	7
		5				4	2	
			6					

6		4	7	5				
				8				
	1	3			4		5	
		2			7			4
			5	2				
	7			6				
						1	9	
7					6		8	5
8		5		7		3		2

138 Moderate

7			2					
	6	4	8					
3				7			6	
		1					4	3
	7	3		9				
		8				1	9	
		7	1	5				
4			9	2		5		
5		2		4				

		2			3	1		
1	3		5			4		
			1				9	
		6						8
		8		9		2	3	
		4					5	
	9						6	7
4	6	5	3		2	9		

140 Moderate

				9				8
2	4	6	7			9		
					6	4		5
								4
6		3					1	
		8					9	
	5				9	1		2
	9		1	7				3
1				5	2			

		3		2		1		
8					4		2	
		4				6		9
1		2		4	5			
					1			7
	8		6			9		
5			7			4		
			8	9				
	3			5				6

			2					1
			4	5			3	6
5	1			7				
					8			
7		3			2	9	4	
	4		9		7			2
				9		6		
6		7	3		4	8		
						7		

5	1	3	2					6
			6				9	
					3	5		
9			3					
			5		2	4		
8	5		7	4				
3		1						
	6	4		7				5
		5	4					1

6					4	1		
		7		6		2	5	
	9	8				7		
			5	7	9	6		
8				3			1	7
	6							5
2	3		1					
					2			
9					3		6	

				4				9
	5		3	8				6
1		3				5		2
2		5	8	6			1	
	8	1		9				7
7			5					
6								
			4	2		7		8
	7							

146 Moderate

2		9					6	5
			8	7				4
	7				2		9	
1	9	8	3					
7							4	
			6		7	1		
		2		1			8	
						5		3
	1				3	2		

2	3			1		5		7
								3
4		6	5		9			
		7	3				1	
		3	8	5			9	6
5	4			9				
			1	2				
							2	9
	1							8

	1			9		2		8
			8		6	5		
	9							6
					4			
	6			2		8		4
7			1		5	3		
5						7		
	2						1	
		6	5	7			4	2

		9	5				1	
		1						6
7	2	6	9			4		3
		7	3					
9	6					7		5
			2		7		6	
				5		2		4
					2		3	
4								

150 Moderate

				3			8	
	1		6	9		5		
8			1	5		7		3
	7				4			5
			8					
							9	
2			7					8
	4		9					7
	3	8				6	5	

			8		5	2		
8						4		1
7		5		4				9
			1			7		2
	4							
		6	4	3				
	3		9		6			
	1							
							8	

152 Demanding

3		8	7			2		6
			2	1				
7				4				
						7		
2		9	1	3				
	5				2			
	8		6				7	
	4					1		2
					8	9		

								3
					9	5		
5	8			1				2
		5						
	7		9	3			8	
	1				8		5	4
6							2	
		4	7	5			6	9
				2	1			

154 Demanding

	4							
2	7			8			3	
3					9	4	1	
6	5							3
9							6	1
				4			2	
		4						
		7			6			
		1		7		5		2

		9	1					
	2				5	8		
8						7		6
					1			
	4	1		9	8	2		
	7			5		4		
	1		3					
					6			
3		8		1			2	

156 Demanding

2		9	3					
		5			4		1	3
				7		9		
							7	
7	2	1		9				
8			1	5				2
								4
		3				2	9	
	5			8				

		4			6	8	5	
7	2						6	
	3							
			5			9		6
		9			3	7	8	
8			6					
					8			
	7	3		9		4		
9			7			6		

158 Demanding

1			8			6	5	
		2		4			3	
		8			9			
	4				6			
		3						
9					8			7
	8			9		2		
2	9		1					6
		5					4	1

160 Demanding

						6	8	
	9						7	4
			1		8			
	4	2						
7	8			2		1		
					7	9		
		7			3		6	
		5		9	2	7		
6						5		9

						1		4
			8				7	
	2			3	6			
	4				3			
		3			4			7
				9		8		
	5	7			1			
9						5		
8							6	

162   Demanding

3				8	1			
4	8						7	
	7			2				5
	5					7		1
			4					
			8		9		3	2
				3				
1		9						
2		7			5			

	6					3		
	9		1		7	2		
		1	5			6		
		6		3				9
				4	2			
8					9			6
								8
2	1	4		5				
						4		

164 Demanding

	2							9
					3			
1				8	4			
6					8		3	
		8	5	3	2		4	
		5	7					
8		6				9		7
						4		6
				7			2	

9				2				
8					4			
		6	5				4	7
		1				3		5
						1		
	3	5			6			8
	7		1	3		2		
				7	9			4
								1

166 Demanding

		7		3				
			2		1			7
		9	6					
	6		4	5		2	9	
		1	8					
	4							
						5		
1				2		4		8
	7	2			3	1		

1	7		2				9	3
						5	2	
	3		5	4				
		6					1	
	9		7		1	2		
9		3		5				7
	1					3		4
	4						5	

Demanding

4			6					
					1		6	
	8		2			4	5	
	5							
		6	1				2	
9							8	
		7			6	3		
	9		5		3			
		1	9			2		

	7	1				4		3
					7			
8	4	3				6		
2	5	9			4			
					2		6	
								8
			3					
		7			5	9		
	8	4	6			1		

170 Demanding

	7	1		3	8			
	4			9		6		
		8	6					3
2				7	6		8	
1						5		
						1		
			7		5	3		
		4						
						2	4	9

					9			
		8				2	3	
2	4		1			7		
4		3		6				
	7		5				6	3
		1	9					
	1			8		9	7	
9						5	2	
			4					

172 Demanding

9		8			3			
					4			
	6		5			1		
	5	1		9				8
		3				7		
		2						4
			9					7
				7		8		
4			1	6				3

	5	4	9				7	
8		2	5		4			
9	8					3		
3						1		
			7	6				8
							8	
		9	3	7				5
7					2			6

8	5				2	4		
7	2							9
		4						
			1		7			2
3		5				9		
	4							
				8			7	
	1	7						
				3	6		4	

		2						
3				6	1		8	
7	5							9
			1					8
	7		4				1	2
	9	4	2					
		5					3	
				9				
						6	7	

176 Demanding

			8			7		
	1							
			9		4		6	
					3	5		
6		3	5	2			7	
		8						4
2	6			3				
3	7					4		8

	2	6					1	
				8				3
			9	6			2	
	8				1			
				3		4		
1			8	9	4			
5								
2	4	3						
		1				7	3	8

178 Demanding

7					5			
	5	1			9			4
					8		9	
6	1					9		
							1	
8			7					2
			3	1			8	
	7			9		4	2	
4		3		2				

								2
			7				3	
6				9		4		
					9			
4	1					9		7
8			3		4			
	5							3
				8	7		9	
	9		1		6		8	

	2			4				8
1		6	8					
9		3				2		
			2			1	7	
				9				4
	9	5	3					6
			7		2			
6				8	9			
						7		5

	1				3			
		7		9				1
	6	9		7			4	
					2		9	
					4			5
	9		7		8			
				8				6
		4				7	5	
5					9		1	

Demanding

		9				6	1	
			5				7	4
		8		6				
			3		7	2	6	
4						1		9
3					6			
6			8	7			2	
	9			1		5		

					7			
	1				2	6		7
		7	5					
							4	
6			9	2				
			3		4	5		6
5	2					1		
		3			1		2	8
		4						9

184 Demanding

	9						7	
2			3		6		9	
						8		1
								4
		5		1	4	6		
	1				7			
		9	8			1		
	3							
		7	1	5			3	

6	1	2					9	
		9						
				7				5
5			3			6		
4		7			2	5	8	
	9			4			7	
				2	4	1	6	
		5						
	7							

186 Demanding

5	1			8				4
	8			7	4			
	4							
4					1			
			2		9		7	5
							3	
	2					1		
		5				2	9	
3		9	5					

	2	1					3	
	7			5	1	6	4	
1	4		8			9		
	6		2	7	3			
7								
						5		
	3							8
	8	4			9			6

188 Demanding

4		6			1	8		
	1							
				2				
2		5						3
				8	2	6		
7					4			
			3	4				8
9			8				5	
8				9				1

9		8			2	7		
								9
4						6		
	8		9					
		3			4	2		
		2					1	8
	3						8	
		5	6		1			
							5	

190 Demanding

4			2					
				3				
				9			6	7
		1	8					2
		6	7	1				
						3		4
2	9				7			
	5							
			1		9	8		3

			9					8
6	3		7					
	9				3	5		
4	5		1	9				
9	2	7			5	3		
						6	2	
			3					1
1	4			8				

192 Demanding

			3				9	1
			2				7	3
			9	4				
1	3	8						
		4		9				
		6		1	2			8
3								
5							2	7
			5	8	4		3	

4					6		9	
						2		5
			1	9				
	1							
			2		9	4	1	6
			8				7	
	7			4	1			
6	2			7		3		
5		3						

194 Demanding

		4	6			7		
2	6	5	9				8	
					3			
			4					
		7					9	
							5	3
3								9
	5			2				
	7			8		2	1	

					6		4	5
	7		1	3			9	
					2			
			2					
7		9	8	6				
		3					8	
				2		8	1	
8		7			4			
5					1	4		3

196 Demanding

1	3			8	2			5
							4	7
	7			4	5			
			6		9		2	
				5				
9		8						
6			3					8
	2			1			3	4

		9					3	
	5	1		9			6	
6				1	2		5	8
		8			9	1		
			4	8				
	7				1			5
7						2		
		3	5	6				

198 Demanding

						5		
		6		2				8
	8					3		9
							6	3
		1	8	7				
4				9	5		7	
			4					
3					8	1	5	
2			9					

6						2	3	8
	8	1				9		
			6					
			8	7				3
		2			1		9	
							2	4
	6		4					
3			2					
	7		5				1	

200   Demanding

	7			4		1		9
4	6							3
			9					
5	4				2		3	1
						4		6
							5	
8		3			5			
	9			8		6		4

7		6	9				4	
	3							5
	9			8	4			
		1			7			6
4					2		3	
						4		
8								
			2					
6		2	3		1			4

202 Demanding

						5	2	
8						9		
					4			8
		2	3					4
	6	4	5			1		3
5						6		
	1			8				
								1
6			4	5		2	8	

7					8	6		
		6						
					1	3		
			9	6			5	
		7						
	4			3			2	
3								5
5		4		1	7			
				2		8		7

	1		3				8	6
					9		7	
		2						
		4		8	6			
				4		3		
		8				5		4
5	7					9		
1				7			3	
					2			

9		2			1			
		8		5				
1				8	7			3
					9	6		2
			7		3	9		
6								
	8	5	4			7		
						3		9
		7	1			4		

206　Demanding

5							2	
9					4	8	5	
				9		1	7	
3	8					9		
		4	6					
2	9	6			1	5		
	5	7	2					
								8

208 Demanding

		6	7		2			1
	4		8					3
						9		
		3				6		
	7			1				
	1							2
			3					7
5				4				9
2	3				1		5	8

	2		6		3		8	
	8	1					9	
			2	5		6	7	1
	7	6				3		5
			1					
3			8					
4	5						6	7

					6			4
	8							
		2	9					1
			5					
4		1						6
9	3		4					
6			1					3
		7				5		
		8			3	7		

		7	8	4			5	
		1			3			4
			5					3
						9		
2					6			5
	5					4		
		8	3		5		1	6
	1			6				
			4			7		

Demanding

			4			8	9	3
	3							
		8				5		
		4						9
	2				8		1	
5			2		9			6
7								
	8			1		7		
	6		3					1

				9	1		5	8
								7
		4			7			
	3		1					
	5		8				1	
2		9						
					6		8	5
7	6				3	2		
			2			3		1

		3					4	
	2				9			3
5		1	8			2		
	5			2				
	7			1	6			9
	9			3				
								1
					5		7	
			7	9		4	5	

			2	6				4
	5							6
		1	7		3			
				7	8	1	9	
			5		2			
3								
		2				7	4	
	6			9				3
8								

216 Demanding

7		8	4				9	
				7		3		
	9							
						7	1	
8				3	9	2		
3	6		7					
2				5		6		
4			6		8			
	5					1		

	1					5		
					3		4	6
		6		9				
	2	5				3		
			5		1	4	2	8
				7				
				3	9	6		
			7				8	
5	7	4					9	

218 Demanding

				5		8		
		2		3	4			
3		6		7				
1		9	7			2	6	
				1		9		
								7
			9					
2					8		3	
	6	4			3	7		

			9		4			
					1			8
8	9		2	6				
7						4	8	
6	8							
					3	7		1
9								7
	5			9		6		
		1	7				2	

220   Demanding

4		7			1			2
						6		
	5	3						
							9	
			3				1	7
8				7	5			
		4	2	6		8		
2				8				
				3	7			6

9	1		6	2		3		
					4	7		9
	7							
7		4	3					5
3								
				5			2	
					5			
		5		3		1		
	8		2					

222 Demanding

	4	1	2				6	3
5								
				6	3			9
1						2		
	3			2				
				9		8	4	
					7		5	
7			8		1		2	
		6						

	7				4	5		
	1				8			2
6			3				4	1
					2			
	6		9	7				
							1	
	5	3	6			2		7
				3			8	
		4						

2	6		4			7		
		7				3		2
8								
	5					9		
9			2					
				7	4	6		
		3						
			7	6		2		
		4					3	9

226 Beware! Very Challenging

		3	2			9		
	9							
2				8			1	
8						3		
7			8	6				
		5		7	3		4	
		6		5				
	5							
9			1		7	2		

9					3		7	5
		6		4			2	
1						9		8
	3		1		2			
7							8	9
								7
	2	1				7	9	
			2					
3				6				

228 Beware! Very Challenging

4	8					3	7	
								9
					5	6		
8			3	5	4			
		3	7					6
2							1	
7					8			5
			6	1	3		4	8

			8					1
	9	4				3		
6			5					
				5				
5	3	6		8				9
	8		1				7	
	1					2		3
			4				5	
	7			2		4		

8		9	2		7			
	3				6			
2	4		3					
			6		5	4		
	9		7					
						5	8	
5				7			9	
		4				3		1
		7		4				

6								
				5		2	9	
1	7					8	4	
					1			
8	2			9				5
3		6	4			9		
2						1		4
			8	7				3

		8		2	1			
	5						4	3
								9
6			7	8	2			
4	8							
5			1			9		
		2			4	1		5
	1			9				
			8					

			9		1			
	9						4	2
								5
			7					
		6	3					
1	8	5					2	
	2				8			4
7				9		1		
9				5				

Beware! Very Challenging

				7	1			
	3				5			
	2			6			9	
	1	5	3	2				
	9	4						
	6					9	1	7
				3		6		1
							4	
		9					7	5

					6			5
				8				
6		1	9					
	7					8	5	1
4								
					5	7		
		7	3	1			2	
9	8			2				
		2		7				3

236 Beware! Very Challenging

		2		7	4		8	
	9			1			3	
1								
	8		5					2
	4							
			1				6	9
					5	6		
4			6		9	8		5
9		5						

			2					
5						9		6
			8	5	1		3	
6					7	1		
1			9				7	
		5		3		4		
				4				
	1		3				2	
4	5							

5			8					
	8				1			7
				7	9			6
					3	2		
	9					4		
2					5		3	
		7	9		6			
		4						
		6	3				2	8

1								
3	9		5	2				
5	2		7			4		
		1				8		
		8			9		7	
			6		2			4
						3	6	
					6			
	5		1					2

	7		8				1	
			7		3			5
	5						9	
		5		9		2	3	
							8	
3	4		2		7			
		8		6				
7		9				6		2
								8

	4		5				3	
	1			2			8	
			8		3			6
				3		1		7
								9
			1	5	9			
9		2	6					
7	3			4				
							2	

4		7						9
5				8				
				3	9			2
						7		
	9	8	2					
	8		1		5			3
7				6	3	4		
					8		6	

								4
				4		5	1	2
	8	9						7
3	7		6				8	
				1				
		6		9			2	
	3							5
		7			8	1		
			4					

4			8				5	
	3	2						
	9							6
	7			3	4			
		9	2					
		1				8	6	
				2	5		1	
					1	3		
5							4	7

	2						4	
5		4	3			2		8
			8					
				2		7		9
1					4		5	
							1	
6				3				
			9	1				3
4	7			6				

			6	5				
8			9					
		3					7	1
4				1		3		
	3							6
		6		4				5
		4						
	1				9		2	
			7	6		9		3

5	7				3			
	4				8	1		
					2			8
								9
				4		3		
7	5							2
				6				
9		2		8	5			1
			4			8		3

	4				5			
			2		1		6	
5	1						7	
		6			9	7	5	
7		3		8				1
8			9				4	3
		9	3					2

							5	
				7				
4						2		1
	9							
	1		2	3				
		2		5		3	7	
			1					9
	2		4				6	7
5				6	3			

			9	2				7
							3	
9	1		5		4			
			7			2	9	
6		4				8		
	3				5			
2			8	7		3		
4								
					1			9

3								6
			6				5	
	2				1		4	
7			8			1		
5		8			6		2	
								4
9				3	4		6	
		4		2	9			7

	5	6			1		7	
8								
4			5					8
					7			4
		1						7
		2					6	
2						6	3	
	3				5		4	
				9	8			

5		7					2	
				5	7			
		8	2					
		2	3				1	
8	3							5
6	7						4	
						3		
4				8	6			
					4		9	

254 Beware! Very Challenging

4		9		7		1		
2					1		3	6
			9				1	
		3	4	8			7	
							6	9
5						9		
					2			
	7	2	8	3				

7			3					6
			9	4		2	3	
	4		5			3	1	
			4	8				
		1		6			8	
9	2							
	7							4
					2		6	

256 Beware! Very Challenging

			1		9		7	
		1				4		
	5						2	
7	1			4				
			6		5			
						7		8
		2	9		6		5	
8				3				1
4								

			2	3				
			6				2	
	1						7	9
8					2			
	7							
4		9		1			6	
	9	5			3			7
6				4		8		
			5				3	

					9	8		
5	3			2				1
		1	7			3		
			9		7			
4				6				
						7	5	
						9		6
		4						7
1	6						2	

	2		7					
		3	8					
9				3		4		
		9				1		
			6				8	7
1	5				2			3
			9	5				
5							3	
	7		1					6

1	5							3
			2				9	
4	6				1			
7		3					2	
		6						8
	2							9
			4		5		8	
			7	3		5		
	3						6	

		5			9			
	3					7		
1			4			6		5
				7				8
9	7				4			
		3	9	8				1
		7		1	3			
	9				6			
			2				1	

			3	2				
8							4	
			5	9				
		6	4					3
	8	5	2					
		9			1	7	6	
		3			5	8		6
							9	1
2	1							

			9					
8				6				
				1			7	3
	7	2			6		5	
				5		6		1
5					4			
7	5	3					6	
	6		2			4		9

				6		2		
2			7			9	3	
				8				
	7			5			1	
			6					
	5				7		6	9
4			9			3	8	
3				1			4	5

						6		
			9					2
5		2	8					4
				1				
3			5	2				
	8		6			5	1	
9		8		4	1			6
	6							7
			7					

	3				8			
		5	6			7		9
1				4	9			
4							3	8
	5							
					5		1	
				3		4		
2		1						
3	4			2		6		1

	6		2		5		1	
2				1			8	
		9				3		
						2		
7				6	4			
9		8			1		6	
3		5						
		4						1
				9				7

		7		2			8	1
			3			9	5	
9	8		5		6			
							4	
5			1					
	1							6
8		2						
					9	3		7

	4							5
	3			7		6		8
			3					1
9			5			2		
		1			9			
				6				
				8		9		6
	5		4	1				
6	7						4	

Beware! Very Challenging

2							3	4
	3				5	6	8	
					9		7	5
7			9		2			
			8					
	6	5						
		2			3		4	7
		1	7	4		2		

2							6	
3				1	5			
	9				4			8
5	1			2				
				3		9	4	
								3
		4	8		3			
1						2		
				7				

6			5					
	4					1	3	
7				8	9			
			2			4	6	8
				1		9		
2							4	
4		7	6				2	
			3					1

						5		
9		1			7		2	
		4	3	5		8		
	6		7					
			8	3	1		9	
5								4
8		9			2	3		
						7		

	1					4		
		7	4	1			5	
5								8
			7		9			3
9	2	6			1			
				2			8	
4				6		5		7
3				5				6

9	1			3		5		8
	2		8				7	
8								3
			7					
					9			
		8		1	6			
						7	6	
1					5			
3	5	4				9		

							9	
		8					2	
		2	9					6
			7				1	
5	3				9			
			3		8			4
					5	7	6	
		3		1				
	1		2				8	

		8			5		4	7
			6					
4	9			3				
					1	2		8
9								
3		6						
			7			6		3
8		1		9				
			4			1		

						5		
2	9	3				8		1
		1	8				4	
8	5	9						
		2	1	4	5			
1			2				6	
	7		9					
				7		3		

	2	8				3		1
		3			4	6		
6			5			2		
							2	
				3			1	
		9		7		5		
				8				
		4			2	1	9	
3	8			5				

		5				2		
3	7		6				9	
			1				6	
				7				
		2			4		5	
						8		4
		1				3		
	5			8		4		
	6		7				2	5

				2				
		9		5		6	8	
		2		4			1	
4								5
						3	9	
		8						
	9	6					2	
			3	8				
1	3						7	8

			9			6		
				1		2	9	
		7			2			
		8	1					
6								9
			7				1	3
			8		6	4		7
	6		2					
	5			4				

				2			5	9
1		5		6			3	
			7					
				7	5			
5					4	1		
	8	9	1					
						2	4	
		2				6		
7		1	3					

284 Beware! Very Challenging

				4	3	7	9	
			9					
2	5						6	
	9		7			2		
		8						
		3	8			6		
	4				9		1	
	6							
				2	1			8

			9			4	3	
1							8	
5		3				7		
6			7	5				
								1
9	3			4		2		
		6				8		
			2	9	7			6
	2							

					6			5
8	2			3	4			
						4		2
		8	4			3	7	
	9							
	8		7			9		
9	5				3			4
4	6				5		9	

		4					8	
			9		2			
	8		5			2		6
				2		7		1
5		6						
				3	1			
	5		1		8		7	
						4		9
2						1		

								3
			2		7	4	1	
9	1					5		
	8	7		1			4	
				4		2		
			9					
							2	9
3			1		6			
1	5						8	

1					4			8
						7		
		2	7	8			6	
	7	5				6	9	
2					5			1
						4		
					1			
3						8		6
8			2		9			

						8		1
	2							3
1				6	4			
			5					
			2			6		7
		8		4	3			
	7	4		5				
		6	7	1				2
		5				9		

4	3						9	
				2	7		6	
	6		5					
				7				4
5				9				
		8	6	5		7		
				1		2	4	
		3				1		
	8							3

		2	4					
	3					1		
	1			8				6
		4	3					5
9		8						
7	2		1				9	
	8			5				
		1					3	
				1	9			

3	5				1			
		4			5		8	2
		2						
1						7		
	6		4			3	2	
				6				
8						4	7	
	9				8			
					7	5	9	

		3						
5	1							4
				8	9			
4			2	6			5	
						6		
				1	5	7		
		4			8			2
2	8							3
				7		1		5

	4	1	5					
				8			3	
2			4			9	7	
	3				4		2	
				2				
	7							6
		8		6				1
	2							
1					7			

	9		3		1			
	8			9	7			
		6						
			1	4			2	
	4	3						
						6		3
	1		6					4
5						8		7
			2			1		9

4				3			6	8
		6		1		2	9	
	7	5						6
			9				5	
			3				4	2
	3	9		5	2			
							3	
7			4	6		5		

6				1	9			
			2			3	7	
				5			8	
		4						
	8	1		7				4
5						6		
4		9						3
7			1			4		8
		2	4				9	

				2	1	7		
3			8	7		6		
1			3					
		7		5	2		6	
4	2						1	
					6		5	4
	9			8				
5	8					9		7

Beware! Very Challenging

		4		3		8		
				2	6			7
			8	1				9
			1				2	
	3							
8	1			9	2			
		5			7		3	
4		3						1
							6	

ANSWERS

1

2	5	3	4	6	8	7	1	9
8	1	9	7	2	5	3	6	4
6	7	4	9	3	1	2	8	5
3	4	7	2	1	6	9	5	8
5	2	1	8	9	4	6	7	3
9	6	8	5	7	3	1	4	2
1	8	6	3	4	9	5	2	7
4	3	2	1	5	7	8	9	6
7	9	5	6	8	2	4	3	1

2

7	5	6	4	1	2	9	3	8
8	4	2	9	5	3	1	7	6
3	1	9	7	8	6	2	5	4
2	9	3	5	6	8	7	4	1
4	6	1	2	9	7	5	8	3
5	8	7	3	4	1	6	2	9
6	3	5	8	2	9	4	1	7
1	7	4	6	3	5	8	9	2
9	2	8	1	7	4	3	6	5

3

9	6	8	1	7	5	4	3	2
1	4	2	8	9	3	7	5	6
3	5	7	4	6	2	9	8	1
5	9	3	7	2	6	1	4	8
2	1	4	9	3	8	6	7	5
8	7	6	5	4	1	2	9	3
4	8	5	6	1	9	3	2	7
6	3	9	2	5	7	8	1	4
7	2	1	3	8	4	5	6	9

4

1	6	5	7	4	8	2	9	3
2	4	7	3	1	9	6	5	8
3	9	8	5	2	6	7	1	4
5	1	3	4	6	2	9	8	7
7	2	9	1	8	3	5	4	6
4	8	6	9	5	7	3	2	1
6	7	1	8	9	5	4	3	2
8	5	2	6	3	4	1	7	9
9	3	4	2	7	1	8	6	5

5

6	7	3	4	8	2	1	9	5
2	1	5	3	6	9	8	4	7
9	8	4	7	5	1	3	6	2
7	6	1	8	2	5	4	3	9
8	4	2	9	1	3	5	7	6
3	5	9	6	4	7	2	8	1
5	9	7	2	3	8	6	1	4
1	3	6	5	7	4	9	2	8
4	2	8	1	9	6	7	5	3

6

5	4	1	9	2	6	3	7	8
2	7	9	8	3	4	5	6	1
6	8	3	7	5	1	9	2	4
9	3	5	1	6	7	8	4	2
4	1	8	5	9	2	7	3	6
7	2	6	4	8	3	1	9	5
1	5	7	2	4	9	6	8	3
8	6	4	3	7	5	2	1	9
3	9	2	6	1	8	4	5	7

7

6	9	7	8	4	2	1	5	3
1	4	8	5	3	6	7	2	9
3	5	2	1	9	7	4	6	8
7	8	3	4	2	1	5	9	6
5	1	9	6	7	8	3	4	2
4	2	6	9	5	3	8	1	7
9	3	4	7	6	5	2	8	1
8	7	5	2	1	9	6	3	4
2	6	1	3	8	4	9	7	5

8

2	3	6	9	8	4	7	5	1
4	8	7	5	1	3	6	2	9
9	5	1	2	7	6	4	3	8
1	6	4	7	5	2	9	8	3
7	2	5	8	3	9	1	4	6
8	9	3	6	4	1	2	7	5
5	7	2	1	6	8	3	9	4
6	4	8	3	9	7	5	1	2
3	1	9	4	2	5	8	6	7

9

2	6	7	5	1	4	8	3	9
9	8	5	3	7	6	1	2	4
1	3	4	8	2	9	5	6	7
3	5	8	9	6	1	7	4	2
7	4	9	2	5	8	6	1	3
6	1	2	7	4	3	9	8	5
5	2	3	1	8	7	4	9	6
8	7	6	4	9	2	3	5	1
4	9	1	6	3	5	2	7	8

10

2	5	4	3	7	9	6	8	1
1	6	3	2	4	8	5	9	7
9	7	8	5	1	6	4	2	3
3	1	7	8	6	5	9	4	2
5	8	9	4	2	1	7	3	6
6	4	2	7	9	3	8	1	5
4	2	5	9	3	7	1	6	8
7	3	1	6	8	4	2	5	9
8	9	6	1	5	2	3	7	4

11

4	1	6	9	7	8	5	2	3
5	3	8	1	2	6	9	7	4
7	2	9	3	5	4	6	8	1
2	4	1	6	8	3	7	5	9
8	9	5	2	1	7	3	4	6
3	6	7	4	9	5	8	1	2
9	8	2	7	6	1	4	3	5
1	7	4	5	3	9	2	6	8
6	5	3	8	4	2	1	9	7

12

8	9	4	2	5	7	1	3	6
6	2	5	9	1	3	7	8	4
1	3	7	6	8	4	2	5	9
9	7	6	5	4	2	3	1	8
4	5	1	3	9	8	6	7	2
2	8	3	1	7	6	9	4	5
3	1	9	4	6	5	8	2	7
7	4	2	8	3	9	5	6	1
5	6	8	7	2	1	4	9	3

13

1	7	8	3	9	2	4	6	5
9	4	6	5	1	8	2	7	3
3	5	2	6	4	7	1	9	8
6	8	7	4	2	3	5	1	9
5	1	3	7	6	9	8	2	4
4	2	9	1	8	5	7	3	6
2	6	4	8	3	1	9	5	7
7	3	1	9	5	4	6	8	2
8	9	5	2	7	6	3	4	1

14

7	5	1	8	3	9	6	2	4
9	6	8	4	5	2	3	7	1
4	2	3	7	6	1	9	5	8
1	8	2	5	7	3	4	6	9
3	9	6	1	2	4	5	8	7
5	7	4	9	8	6	1	3	2
2	4	5	3	9	7	8	1	6
6	3	9	2	1	8	7	4	5
8	1	7	6	4	5	2	9	3

15

2	8	7	9	4	1	5	3	6
3	1	5	6	7	2	8	9	4
9	6	4	8	5	3	2	7	1
7	2	9	5	1	8	6	4	3
5	3	8	4	6	7	1	2	9
1	4	6	2	3	9	7	8	5
8	9	1	3	2	5	4	6	7
4	5	2	7	9	6	3	1	8
6	7	3	1	8	4	9	5	2

16

2	1	8	5	3	7	9	4	6
4	5	6	2	9	8	1	7	3
3	9	7	1	6	4	8	2	5
8	4	5	6	7	2	3	1	9
7	6	1	9	8	3	2	5	4
9	3	2	4	1	5	7	6	8
1	2	4	8	5	9	6	3	7
5	7	9	3	2	6	4	8	1
6	8	3	7	4	1	5	9	2

17

1	5	9	8	2	4	3	7	6
3	6	2	5	7	9	1	4	8
8	7	4	1	3	6	5	9	2
7	1	8	6	5	3	9	2	4
5	9	6	2	4	8	7	1	3
2	4	3	9	1	7	8	6	5
6	8	1	3	9	2	4	5	7
4	3	5	7	6	1	2	8	9
9	2	7	4	8	5	6	3	1

18

4	5	7	2	1	8	3	6	9
2	6	3	9	7	5	8	4	1
1	8	9	3	6	4	7	2	5
9	7	5	6	8	2	1	3	4
3	2	1	4	9	7	6	5	8
6	4	8	5	3	1	2	9	7
7	3	6	8	4	9	5	1	2
8	9	2	1	5	3	4	7	6
5	1	4	7	2	6	9	8	3

19

4	8	6	7	1	3	9	5	2
1	5	2	4	9	6	8	3	7
3	9	7	8	5	2	6	1	4
7	4	8	3	6	9	1	2	5
2	1	9	5	4	8	3	7	6
6	3	5	1	2	7	4	9	8
9	6	4	2	3	5	7	8	1
5	7	3	6	8	1	2	4	9
8	2	1	9	7	4	5	6	3

20

8	3	5	2	7	1	4	9	6
9	4	7	6	3	8	1	2	5
1	2	6	5	4	9	3	7	8
7	6	1	8	5	3	2	4	9
3	8	9	4	1	2	5	6	7
2	5	4	9	6	7	8	1	3
5	1	8	7	9	4	6	3	2
4	9	2	3	8	6	7	5	1
6	7	3	1	2	5	9	8	4

21

6	2	4	9	7	1	3	8	5
7	3	8	6	5	4	1	9	2
5	9	1	2	3	8	7	4	6
2	5	7	3	6	9	8	1	4
4	8	9	7	1	2	5	6	3
1	6	3	8	4	5	9	2	7
8	7	2	5	9	6	4	3	1
3	4	6	1	8	7	2	5	9
9	1	5	4	2	3	6	7	8

22

1	9	8	4	5	2	7	6	3
7	3	2	6	8	9	1	4	5
6	4	5	7	1	3	2	9	8
4	7	3	8	9	1	5	2	6
5	1	9	2	6	7	8	3	4
8	2	6	3	4	5	9	1	7
9	8	7	1	3	6	4	5	2
3	5	4	9	2	8	6	7	1
2	6	1	5	7	4	3	8	9

23

2	1	7	8	5	6	3	4	9
4	8	5	1	3	9	7	6	2
6	9	3	7	2	4	1	8	5
5	2	4	9	1	8	6	3	7
7	3	9	4	6	2	8	5	1
8	6	1	5	7	3	2	9	4
9	7	6	2	8	5	4	1	3
3	4	2	6	9	1	5	7	8
1	5	8	3	4	7	9	2	6

24

5	7	4	1	3	6	2	9	8
1	8	6	2	5	9	3	7	4
3	2	9	4	7	8	1	6	5
9	4	3	5	8	2	7	1	6
6	5	2	9	1	7	4	8	3
8	1	7	3	6	4	9	5	2
7	9	8	6	2	3	5	4	1
2	6	5	7	4	1	8	3	9
4	3	1	8	9	5	6	2	7

25

3	8	2	5	6	7	1	9	4
9	6	5	1	4	2	7	3	8
7	1	4	9	3	8	5	2	6
8	5	7	4	1	3	2	6	9
1	3	9	2	8	6	4	7	5
4	2	6	7	9	5	3	8	1
2	7	1	6	5	9	8	4	3
5	9	3	8	2	4	6	1	7
6	4	8	3	7	1	9	5	2

26

4	6	5	7	8	1	9	3	2
7	2	1	5	9	3	8	4	6
9	8	3	2	4	6	7	1	5
6	5	2	8	3	7	1	9	4
1	7	8	9	2	4	5	6	3
3	4	9	1	6	5	2	8	7
2	1	4	3	5	9	6	7	8
5	3	7	6	1	8	4	2	9
8	9	6	4	7	2	3	5	1

27

2	3	8	5	1	6	7	4	9
7	6	5	3	9	4	8	2	1
1	4	9	8	7	2	5	3	6
9	7	4	2	6	5	3	1	8
5	8	1	9	4	3	6	7	2
6	2	3	1	8	7	9	5	4
4	5	2	6	3	8	1	9	7
3	9	6	7	2	1	4	8	5
8	1	7	4	5	9	2	6	3

28

3	2	1	6	8	7	9	5	4
5	8	9	3	4	1	7	2	6
7	4	6	2	9	5	3	8	1
4	7	8	5	6	3	2	1	9
9	6	2	7	1	4	8	3	5
1	5	3	8	2	9	4	6	7
6	9	4	1	3	8	5	7	2
8	1	5	9	7	2	6	4	3
2	3	7	4	5	6	1	9	8

29

2	5	1	8	3	4	9	7	6
9	4	8	7	5	6	3	2	1
6	3	7	9	2	1	4	5	8
4	7	5	1	8	9	6	3	2
3	8	2	6	4	5	7	1	9
1	9	6	3	7	2	5	8	4
7	1	4	5	9	8	2	6	3
8	2	3	4	6	7	1	9	5
5	6	9	2	1	3	8	4	7

30

9	5	2	6	3	8	7	1	4
3	1	6	2	4	7	9	5	8
4	8	7	5	9	1	3	6	2
7	4	5	9	6	2	8	3	1
1	9	8	7	5	3	4	2	6
6	2	3	8	1	4	5	7	9
8	7	4	3	2	6	1	9	5
5	6	1	4	7	9	2	8	3
2	3	9	1	8	5	6	4	7

31

3	6	1	7	9	5	4	2	8
9	4	2	1	8	3	7	5	6
5	8	7	2	6	4	3	1	9
8	1	4	5	3	6	2	9	7
2	9	6	8	7	1	5	4	3
7	5	3	4	2	9	8	6	1
4	3	5	9	1	8	6	7	2
6	7	9	3	4	2	1	8	5
1	2	8	6	5	7	9	3	4

32

2	3	7	1	9	5	8	6	4
6	5	4	8	3	7	1	9	2
1	9	8	4	2	6	5	7	3
7	4	2	9	5	8	3	1	6
3	1	5	6	7	2	4	8	9
8	6	9	3	4	1	7	2	5
9	7	6	5	8	4	2	3	1
5	2	1	7	6	3	9	4	8
4	8	3	2	1	9	6	5	7

33

3	7	5	4	6	2	8	9	1
1	8	6	5	7	9	4	2	3
4	9	2	8	1	3	7	5	6
7	5	1	6	8	4	2	3	9
6	2	9	7	3	5	1	4	8
8	3	4	9	2	1	5	6	7
9	1	7	2	4	6	3	8	5
5	4	3	1	9	8	6	7	2
2	6	8	3	5	7	9	1	4

34

3	1	5	2	7	8	9	4	6
6	2	7	3	4	9	1	8	5
9	8	4	5	6	1	3	2	7
8	6	9	1	3	5	2	7	4
7	4	1	6	8	2	5	9	3
2	5	3	7	9	4	8	6	1
5	7	8	4	2	3	6	1	9
4	3	2	9	1	6	7	5	8
1	9	6	8	5	7	4	3	2

35

4	2	5	6	9	7	8	3	1
7	8	1	5	4	3	2	6	9
3	6	9	2	8	1	7	4	5
1	4	7	9	3	6	5	8	2
6	3	8	7	5	2	1	9	4
5	9	2	8	1	4	3	7	6
9	1	6	3	7	5	4	2	8
8	5	3	4	2	9	6	1	7
2	7	4	1	6	8	9	5	3

36

8	2	9	6	7	4	1	5	3
4	6	7	5	1	3	2	9	8
5	3	1	8	9	2	4	6	7
1	4	6	2	8	7	5	3	9
9	5	2	3	4	6	8	7	1
7	8	3	9	5	1	6	4	2
2	1	5	7	6	9	3	8	4
3	9	8	4	2	5	7	1	6
6	7	4	1	3	8	9	2	5

37

4	6	9	5	8	3	2	7	1
3	1	8	7	9	2	5	6	4
5	2	7	6	1	4	3	9	8
8	4	2	1	3	9	6	5	7
1	7	5	2	4	6	8	3	9
6	9	3	8	5	7	4	1	2
9	8	6	3	2	1	7	4	5
7	5	1	4	6	8	9	2	3
2	3	4	9	7	5	1	8	6

38

4	5	9	8	2	6	3	7	1
1	6	8	3	4	7	2	5	9
3	2	7	1	5	9	8	6	4
5	3	6	7	9	4	1	2	8
2	7	1	5	3	8	9	4	6
8	9	4	6	1	2	5	3	7
9	4	5	2	7	1	6	8	3
6	1	3	4	8	5	7	9	2
7	8	2	9	6	3	4	1	5

39

1	7	4	8	9	5	3	6	2
3	9	5	7	2	6	1	8	4
6	2	8	1	4	3	9	5	7
8	6	3	2	7	4	5	9	1
5	4	7	9	6	1	8	2	3
2	1	9	5	3	8	4	7	6
7	8	2	3	1	9	6	4	5
4	5	1	6	8	7	2	3	9
9	3	6	4	5	2	7	1	8

40

4	2	7	6	5	8	1	9	3
1	8	6	3	4	9	5	7	2
9	5	3	7	1	2	6	4	8
7	6	9	1	8	3	4	2	5
5	1	2	4	7	6	8	3	9
8	3	4	2	9	5	7	6	1
6	4	5	9	2	1	3	8	7
2	7	1	8	3	4	9	5	6
3	9	8	5	6	7	2	1	4

41

1	5	6	3	2	4	8	7	9
7	8	4	9	5	1	2	3	6
2	9	3	8	6	7	5	1	4
4	7	1	5	9	6	3	2	8
5	3	9	2	1	8	6	4	7
6	2	8	7	4	3	9	5	1
9	6	7	4	3	5	1	8	2
3	4	2	1	8	9	7	6	5
8	1	5	6	7	2	4	9	3

42

5	3	7	6	4	8	9	2	1
9	8	1	7	2	5	6	3	4
2	6	4	3	1	9	8	5	7
7	4	6	2	9	3	1	8	5
3	1	2	8	5	6	4	7	9
8	9	5	4	7	1	3	6	2
6	2	9	5	3	4	7	1	8
1	7	3	9	8	2	5	4	6
4	5	8	1	6	7	2	9	3

43

7	4	2	1	6	8	3	9	5
9	6	8	3	5	7	4	2	1
1	3	5	9	2	4	8	7	6
2	8	7	4	1	5	6	3	9
6	5	1	7	3	9	2	4	8
3	9	4	2	8	6	5	1	7
4	7	6	5	9	3	1	8	2
5	1	3	8	7	2	9	6	4
8	2	9	6	4	1	7	5	3

44

7	8	5	4	3	2	6	1	9
4	9	3	1	6	7	2	8	5
1	2	6	5	9	8	4	7	3
2	3	4	7	1	9	5	6	8
5	7	1	6	8	4	3	9	2
9	6	8	3	2	5	1	4	7
8	5	7	2	4	1	9	3	6
6	1	2	9	7	3	8	5	4
3	4	9	8	5	6	7	2	1

45

9	6	8	7	2	1	3	4	5
1	3	5	4	9	6	8	7	2
7	2	4	8	3	5	6	1	9
6	5	2	1	8	7	4	9	3
4	8	7	3	5	9	2	6	1
3	1	9	2	6	4	7	5	8
2	9	1	6	7	3	5	8	4
8	4	6	5	1	2	9	3	7
5	7	3	9	4	8	1	2	6

46

8	1	9	5	3	6	2	4	7
3	7	5	9	2	4	6	1	8
6	2	4	1	8	7	9	3	5
1	6	7	8	9	3	4	5	2
9	4	3	7	5	2	8	6	1
5	8	2	4	6	1	3	7	9
2	9	6	3	1	5	7	8	4
4	5	8	6	7	9	1	2	3
7	3	1	2	4	8	5	9	6

47

8	2	6	5	1	7	4	3	9
9	3	5	8	4	6	7	2	1
4	1	7	9	3	2	8	5	6
3	8	9	7	6	5	1	4	2
6	7	1	2	8	4	5	9	3
5	4	2	1	9	3	6	8	7
7	6	3	4	5	9	2	1	8
2	5	8	3	7	1	9	6	4
1	9	4	6	2	8	3	7	5

48

5	4	7	2	6	8	9	3	1
8	1	9	4	3	5	2	7	6
3	2	6	7	9	1	8	4	5
6	3	4	1	5	2	7	8	9
9	8	5	6	4	7	3	1	2
1	7	2	3	8	9	6	5	4
2	6	8	5	7	4	1	9	3
7	5	3	9	1	6	4	2	8
4	9	1	8	2	3	5	6	7

49

5	3	9	2	4	8	6	7	1
7	6	4	1	3	5	8	2	9
2	1	8	9	6	7	5	4	3
8	2	1	3	9	4	7	5	6
4	5	3	6	7	2	1	9	8
9	7	6	5	8	1	4	3	2
1	4	7	8	2	9	3	6	5
3	8	2	7	5	6	9	1	4
6	9	5	4	1	3	2	8	7

50

7	1	9	4	5	8	3	2	6
4	6	5	9	3	2	1	8	7
8	2	3	6	7	1	4	5	9
1	3	4	8	2	6	7	9	5
6	9	7	5	1	3	2	4	8
2	5	8	7	9	4	6	3	1
9	4	1	2	8	7	5	6	3
5	7	6	3	4	9	8	1	2
3	8	2	1	6	5	9	7	4

51

7	8	1	6	3	2	9	4	5
9	5	2	7	1	4	6	3	8
4	3	6	8	9	5	7	1	2
2	4	9	3	7	6	8	5	1
6	7	3	5	8	1	2	9	4
5	1	8	4	2	9	3	6	7
1	9	4	2	6	7	5	8	3
8	6	7	1	5	3	4	2	9
3	2	5	9	4	8	1	7	6

52

9	8	2	5	4	7	3	6	1
4	6	5	1	8	3	9	2	7
7	3	1	9	2	6	8	4	5
3	2	6	8	1	5	4	7	9
8	7	9	3	6	4	5	1	2
5	1	4	2	7	9	6	8	3
1	5	7	4	9	8	2	3	6
2	4	3	6	5	1	7	9	8
6	9	8	7	3	2	1	5	4

53

5	6	9	2	3	1	8	7	4
2	3	7	4	5	8	1	9	6
4	1	8	9	7	6	5	2	3
3	8	1	5	9	4	2	6	7
7	9	2	8	6	3	4	1	5
6	4	5	1	2	7	9	3	8
1	5	6	7	8	2	3	4	9
8	2	3	6	4	9	7	5	1
9	7	4	3	1	5	6	8	2

54

1	2	5	9	6	4	8	3	7
6	4	8	5	7	3	1	2	9
9	3	7	8	2	1	6	5	4
2	7	6	4	1	5	9	8	3
8	1	4	6	3	9	2	7	5
3	5	9	2	8	7	4	6	1
5	8	1	7	9	6	3	4	2
7	6	3	1	4	2	5	9	8
4	9	2	3	5	8	7	1	6

55

3	2	9	5	4	1	7	8	6
8	7	5	2	9	6	1	4	3
4	6	1	7	8	3	5	2	9
6	9	8	3	2	7	4	1	5
1	3	7	4	5	9	8	6	2
5	4	2	1	6	8	3	9	7
9	8	4	6	7	5	2	3	1
7	1	6	8	3	2	9	5	4
2	5	3	9	1	4	6	7	8

56

1	9	3	2	4	6	5	7	8
6	8	4	1	5	7	2	9	3
5	7	2	8	3	9	4	6	1
3	2	5	6	8	4	7	1	9
8	1	7	9	2	5	6	3	4
9	4	6	3	7	1	8	5	2
4	5	1	7	9	8	3	2	6
7	3	9	4	6	2	1	8	5
2	6	8	5	1	3	9	4	7

57

1	4	9	8	3	6	5	2	7
8	7	5	4	1	2	3	9	6
6	3	2	7	9	5	4	1	8
7	9	4	2	6	1	8	3	5
2	5	6	3	4	8	9	7	1
3	1	8	5	7	9	2	6	4
9	8	7	1	2	4	6	5	3
4	6	3	9	5	7	1	8	2
5	2	1	6	8	3	7	4	9

58

3	9	5	4	1	6	7	2	8
4	8	6	2	7	5	1	3	9
2	7	1	8	3	9	4	5	6
7	1	3	6	4	8	5	9	2
9	6	2	7	5	1	8	4	3
5	4	8	3	9	2	6	7	1
1	2	9	5	8	7	3	6	4
8	5	4	9	6	3	2	1	7
6	3	7	1	2	4	9	8	5

59

2	8	9	6	3	7	4	1	5
1	5	4	8	9	2	6	7	3
7	6	3	1	5	4	9	2	8
5	1	6	4	8	3	2	9	7
8	9	2	5	7	6	3	4	1
4	3	7	9	2	1	8	5	6
9	7	8	3	4	5	1	6	2
6	4	5	2	1	8	7	3	9
3	2	1	7	6	9	5	8	4

60

4	6	5	8	9	3	2	7	1
8	2	7	1	5	4	6	3	9
1	9	3	7	2	6	4	8	5
6	1	8	2	7	9	3	5	4
9	5	4	3	6	1	7	2	8
3	7	2	4	8	5	1	9	6
5	3	9	6	4	2	8	1	7
2	8	6	9	1	7	5	4	3
7	4	1	5	3	8	9	6	2

61

7	1	4	9	3	5	2	8	6
9	3	8	6	2	4	7	5	1
2	6	5	1	7	8	9	3	4
1	5	9	8	4	6	3	2	7
8	7	6	2	1	3	5	4	9
4	2	3	7	5	9	6	1	8
5	9	2	4	6	1	8	7	3
6	4	7	3	8	2	1	9	5
3	8	1	5	9	7	4	6	2

62

3	1	6	9	7	8	2	4	5
8	2	7	3	4	5	1	9	6
4	5	9	6	1	2	3	7	8
1	8	5	4	3	6	9	2	7
7	9	4	5	2	1	6	8	3
2	6	3	8	9	7	4	5	1
5	7	1	2	6	9	8	3	4
9	4	8	1	5	3	7	6	2
6	3	2	7	8	4	5	1	9

63

6	9	8	1	2	5	7	4	3
5	4	3	8	6	7	1	9	2
7	2	1	9	4	3	8	6	5
3	6	7	2	1	9	5	8	4
1	5	9	3	8	4	2	7	6
4	8	2	7	5	6	9	3	1
9	7	4	5	3	2	6	1	8
2	1	6	4	9	8	3	5	7
8	3	5	6	7	1	4	2	9

64

2	8	5	9	4	6	1	7	3
7	4	3	2	1	8	9	5	6
6	9	1	5	7	3	8	2	4
8	7	6	3	9	5	4	1	2
1	3	9	4	8	2	5	6	7
5	2	4	7	6	1	3	8	9
4	5	2	1	3	7	6	9	8
9	6	7	8	5	4	2	3	1
3	1	8	6	2	9	7	4	5

65

8	1	7	2	6	4	5	3	9
9	5	2	7	8	3	1	4	6
3	6	4	9	1	5	2	8	7
1	7	6	3	9	8	4	2	5
4	2	8	5	7	6	9	1	3
5	3	9	1	4	2	7	6	8
6	9	3	4	5	1	8	7	2
2	4	5	8	3	7	6	9	1
7	8	1	6	2	9	3	5	4

66

3	8	2	5	9	7	6	1	4
6	9	7	4	3	1	2	8	5
5	4	1	2	8	6	7	3	9
1	6	5	7	2	8	4	9	3
4	7	8	3	1	9	5	6	2
2	3	9	6	5	4	8	7	1
9	1	4	8	6	5	3	2	7
7	2	6	9	4	3	1	5	8
8	5	3	1	7	2	9	4	6

67

3	2	7	6	9	8	1	5	4
5	6	8	1	3	4	7	2	9
9	1	4	2	7	5	3	8	6
7	8	9	4	2	3	6	1	5
1	3	5	8	6	7	4	9	2
2	4	6	9	5	1	8	3	7
8	5	2	7	1	6	9	4	3
6	9	1	3	4	2	5	7	8
4	7	3	5	8	9	2	6	1

68

2	8	3	5	9	6	4	7	1
5	1	7	8	2	4	3	9	6
9	4	6	1	7	3	5	8	2
6	3	2	4	5	8	9	1	7
1	9	5	6	3	7	2	4	8
4	7	8	2	1	9	3	6	5
8	5	4	3	6	1	7	2	9
3	2	9	7	8	5	1	6	4
7	6	1	9	4	2	8	5	3

69

5	3	2	7	6	8	9	1	4
1	8	6	4	9	2	7	5	3
4	9	7	1	3	5	8	2	6
3	4	8	2	7	6	1	9	5
9	2	1	3	5	4	6	8	7
7	6	5	8	1	9	4	3	2
6	1	4	5	8	3	2	7	9
2	7	3	9	4	1	5	6	8
8	5	9	6	2	7	3	4	1

70

2	9	5	4	6	3	1	8	7
7	1	3	2	8	9	5	6	4
8	4	6	5	7	1	3	2	9
4	7	9	3	2	5	6	1	8
5	8	2	1	9	6	7	4	3
6	3	1	8	4	7	9	5	2
9	2	7	6	5	8	4	3	1
3	6	8	9	1	4	2	7	5
1	5	4	7	3	2	8	9	6

71

1	7	3	4	8	6	2	9	5
6	4	9	2	5	7	1	8	3
8	2	5	9	1	3	7	4	6
4	6	1	8	7	9	3	5	2
9	3	8	1	2	5	4	6	7
2	5	7	6	3	4	9	1	8
3	8	6	7	9	1	5	2	4
5	1	2	3	4	8	6	7	9
7	9	4	5	6	2	8	3	1

72

2	8	1	4	6	3	9	5	7
5	3	4	2	9	7	6	8	1
9	7	6	1	8	5	4	2	3
3	4	7	8	5	9	2	1	6
6	9	2	3	7	1	8	4	5
8	1	5	6	2	4	3	7	9
4	6	9	5	1	2	7	3	8
1	2	8	7	3	6	5	9	4
7	5	3	9	4	8	1	6	2

73

2	8	7	4	6	9	5	3	1
6	9	3	2	5	1	7	8	4
5	4	1	3	8	7	9	2	6
4	7	5	6	1	3	8	9	2
8	3	9	5	2	4	6	1	7
1	6	2	7	9	8	3	4	5
7	1	4	9	3	5	2	6	8
3	2	8	1	7	6	4	5	9
9	5	6	8	4	2	1	7	3

74

1	7	5	9	8	4	3	6	2
8	6	4	5	2	3	9	1	7
9	2	3	1	7	6	4	8	5
4	3	2	7	1	5	8	9	6
7	5	8	3	6	9	1	2	4
6	1	9	2	4	8	7	5	3
5	9	1	4	3	2	6	7	8
2	4	6	8	9	7	5	3	1
3	8	7	6	5	1	2	4	9

75

5	7	8	9	6	2	3	1	4
6	1	9	4	5	3	8	7	2
3	2	4	1	8	7	5	6	9
1	9	6	7	3	5	2	4	8
2	5	3	6	4	8	1	9	7
8	4	7	2	9	1	6	5	3
7	8	5	3	1	9	4	2	6
9	6	1	8	2	4	7	3	5
4	3	2	5	7	6	9	8	1

76

2	3	4	7	8	9	1	6	5
9	5	7	1	4	6	8	3	2
6	8	1	3	5	2	4	9	7
8	9	2	6	1	4	5	7	3
3	4	6	9	7	5	2	8	1
7	1	5	8	2	3	6	4	9
5	2	8	4	9	7	3	1	6
1	7	3	5	6	8	9	2	4
4	6	9	2	3	1	7	5	8

77

8	7	1	2	6	9	4	3	5
2	3	4	5	8	1	6	9	7
6	5	9	3	4	7	1	2	8
3	9	2	7	5	4	8	1	6
1	6	5	9	3	8	2	7	4
4	8	7	6	1	2	9	5	3
5	4	3	1	9	6	7	8	2
9	2	8	4	7	5	3	6	1
7	1	6	8	2	3	5	4	9

78

6	9	8	3	1	5	2	7	4
7	1	3	4	6	2	8	5	9
4	2	5	8	7	9	3	1	6
5	6	9	1	4	3	7	2	8
1	4	2	9	8	7	6	3	5
3	8	7	5	2	6	4	9	1
2	3	4	6	9	1	5	8	7
9	7	6	2	5	8	1	4	3
8	5	1	7	3	4	9	6	2

79

1	6	2	9	8	4	3	7	5
5	8	3	1	6	7	2	9	4
9	7	4	5	3	2	6	1	8
7	4	9	8	2	1	5	6	3
6	3	8	7	9	5	1	4	2
2	1	5	6	4	3	9	8	7
3	5	1	4	7	9	8	2	6
8	9	7	2	5	6	4	3	1
4	2	6	3	1	8	7	5	9

80

7	9	3	8	6	2	1	5	4
8	5	1	4	3	9	2	7	6
4	2	6	1	7	5	9	8	3
5	3	4	9	8	7	6	2	1
9	1	7	6	2	3	5	4	8
2	6	8	5	4	1	7	3	9
6	7	2	3	9	8	4	1	5
1	8	9	7	5	4	3	6	2
3	4	5	2	1	6	8	9	7

81

3	5	8	4	6	1	7	2	9
4	6	7	9	8	2	1	5	3
2	9	1	3	7	5	8	4	6
5	4	2	6	1	7	9	3	8
8	7	6	2	3	9	5	1	4
9	1	3	8	5	4	2	6	7
1	3	4	7	2	8	6	9	5
6	8	5	1	9	3	4	7	2
7	2	9	5	4	6	3	8	1

82

6	4	1	9	3	5	2	8	7
7	5	3	4	2	8	1	9	6
2	9	8	7	1	6	5	4	3
3	8	6	1	7	9	4	2	5
5	1	4	8	6	2	3	7	9
9	2	7	3	5	4	6	1	8
4	7	5	2	9	3	8	6	1
8	3	9	6	4	1	7	5	2
1	6	2	5	8	7	9	3	4

83

4	7	3	6	9	2	5	1	8
6	9	5	4	1	8	3	7	2
1	2	8	7	3	5	6	4	9
9	3	1	2	5	4	7	8	6
7	6	2	3	8	9	1	5	4
8	5	4	1	7	6	2	9	3
5	4	7	9	2	3	8	6	1
2	8	9	5	6	1	4	3	7
3	1	6	8	4	7	9	2	5

84

5	7	9	1	4	6	2	8	3
4	1	3	8	2	5	6	9	7
6	2	8	3	9	7	1	4	5
2	6	1	4	7	9	3	5	8
7	3	4	5	1	8	9	2	6
9	8	5	6	3	2	7	1	4
8	5	7	9	6	1	4	3	2
1	4	2	7	8	3	5	6	9
3	9	6	2	5	4	8	7	1

85

9	2	6	7	4	8	1	3	5
7	8	5	1	3	6	2	9	4
4	1	3	9	2	5	7	8	6
8	4	9	2	7	3	6	5	1
5	6	7	4	8	1	9	2	3
1	3	2	6	5	9	8	4	7
6	9	4	5	1	2	3	7	8
2	5	8	3	6	7	4	1	9
3	7	1	8	9	4	5	6	2

86

6	5	2	4	7	8	9	3	1
7	1	4	9	3	2	5	6	8
8	9	3	5	1	6	4	2	7
2	7	5	3	6	9	8	1	4
3	6	8	1	4	7	2	9	5
1	4	9	8	2	5	3	7	6
5	8	1	7	9	3	6	4	2
9	2	7	6	8	4	1	5	3
4	3	6	2	5	1	7	8	9

87

1	3	6	5	9	4	7	2	8
4	5	8	7	1	2	3	6	9
7	9	2	8	6	3	4	5	1
5	7	9	6	2	1	8	3	4
3	2	4	9	7	8	6	1	5
8	6	1	3	4	5	9	7	2
6	4	7	1	5	9	2	8	3
9	1	3	2	8	6	5	4	7
2	8	5	4	3	7	1	9	6

88

7	9	2	8	6	3	1	5	4
1	3	8	4	2	5	9	7	6
4	6	5	9	1	7	3	8	2
2	5	4	6	9	8	7	3	1
9	1	6	7	3	4	5	2	8
3	8	7	2	5	1	6	4	9
6	2	3	5	8	9	4	1	7
8	7	1	3	4	6	2	9	5
5	4	9	1	7	2	8	6	3

89

6	7	2	4	3	8	9	5	1
8	1	5	6	2	9	3	4	7
4	3	9	5	7	1	2	6	8
2	9	1	8	6	4	7	3	5
5	8	4	7	1	3	6	9	2
7	6	3	2	9	5	8	1	4
3	4	8	9	5	2	1	7	6
1	5	7	3	8	6	4	2	9
9	2	6	1	4	7	5	8	3

90

8	2	3	5	9	4	6	1	7
9	5	7	6	2	1	4	3	8
1	4	6	3	8	7	9	5	2
7	9	4	8	6	5	3	2	1
6	8	1	7	3	2	5	9	4
2	3	5	4	1	9	8	7	6
5	6	8	2	7	3	1	4	9
3	1	2	9	4	6	7	8	5
4	7	9	1	5	8	2	6	3

91

8	4	1	2	5	7	3	9	6
9	2	3	6	4	1	8	7	5
7	6	5	9	8	3	1	2	4
5	3	6	1	9	8	7	4	2
4	7	8	5	2	6	9	1	3
1	9	2	3	7	4	6	5	8
3	8	4	7	1	2	5	6	9
2	1	9	8	6	5	4	3	7
6	5	7	4	3	9	2	8	1

92

5	8	2	3	1	4	6	7	9
1	6	3	7	9	8	4	2	5
7	4	9	2	5	6	3	1	8
3	5	6	8	2	7	1	9	4
9	2	7	4	6	1	8	5	3
4	1	8	5	3	9	7	6	2
2	7	5	6	4	3	9	8	1
6	3	1	9	8	2	5	4	7
8	9	4	1	7	5	2	3	6

93

8	3	7	9	5	4	6	2	1
1	6	4	3	8	2	5	9	7
5	9	2	6	7	1	4	3	8
7	5	8	2	3	9	1	4	6
4	2	3	8	1	6	7	5	9
6	1	9	5	4	7	3	8	2
9	4	5	1	6	8	2	7	3
2	7	6	4	9	3	8	1	5
3	8	1	7	2	5	9	6	4

94

4	3	7	1	2	9	6	8	5
2	8	1	5	3	6	4	9	7
6	9	5	8	7	4	1	3	2
9	5	8	6	1	7	3	2	4
1	2	6	3	4	5	9	7	8
3	7	4	2	9	8	5	6	1
5	1	3	7	6	2	8	4	9
8	4	2	9	5	3	7	1	6
7	6	9	4	8	1	2	5	3

95

7	8	6	2	4	3	9	1	5
1	4	9	8	5	6	3	2	7
2	5	3	9	1	7	6	8	4
4	9	1	5	7	8	2	6	3
8	3	7	6	2	1	5	4	9
5	6	2	4	3	9	8	7	1
6	7	4	3	9	2	1	5	8
3	2	5	1	8	4	7	9	6
9	1	8	7	6	5	4	3	2

96

1	4	6	7	5	8	9	3	2
8	2	5	1	9	3	4	7	6
3	9	7	2	6	4	1	5	8
7	5	2	4	8	6	3	9	1
9	1	3	5	7	2	8	6	4
6	8	4	3	1	9	7	2	5
2	7	9	8	4	5	6	1	3
5	6	8	9	3	1	2	4	7
4	3	1	6	2	7	5	8	9

97

6	5	7	2	1	9	8	4	3
8	3	4	7	6	5	1	9	2
1	2	9	4	8	3	6	7	5
2	4	3	1	5	8	9	6	7
9	1	8	6	2	7	3	5	4
5	7	6	9	3	4	2	1	8
4	6	5	3	9	2	7	8	1
3	8	1	5	7	6	4	2	9
7	9	2	8	4	1	5	3	6

98

2	7	5	4	1	8	9	6	3
1	4	6	9	7	3	2	8	5
9	3	8	5	2	6	4	1	7
5	8	2	1	9	4	3	7	6
6	1	3	7	8	2	5	9	4
7	9	4	6	3	5	8	2	1
8	5	9	3	6	7	1	4	2
3	2	7	8	4	1	6	5	9
4	6	1	2	5	9	7	3	8

99

5	6	1	4	8	9	2	7	3
7	2	4	3	5	6	8	9	1
8	3	9	7	2	1	4	6	5
3	9	6	8	4	2	5	1	7
2	8	5	1	9	7	3	4	6
4	1	7	5	6	3	9	8	2
9	5	3	6	1	4	7	2	8
1	7	2	9	3	8	6	5	4
6	4	8	2	7	5	1	3	9

100

9	5	3	7	2	1	8	4	6
4	8	1	6	9	5	7	3	2
7	2	6	3	8	4	9	5	1
3	1	5	2	6	8	4	9	7
2	4	9	1	5	7	3	6	8
8	6	7	9	4	3	2	1	5
5	3	2	8	1	9	6	7	4
1	7	8	4	3	6	5	2	9
6	9	4	5	7	2	1	8	3

101

4	1	9	7	3	8	5	2	6
8	3	5	2	9	6	1	4	7
2	6	7	1	5	4	3	9	8
1	5	4	3	7	2	8	6	9
3	9	2	6	8	5	7	1	4
7	8	6	4	1	9	2	5	3
5	2	8	9	6	7	4	3	1
9	7	3	5	4	1	6	8	2
6	4	1	8	2	3	9	7	5

102

4	6	1	7	3	8	2	9	5
5	9	3	2	6	1	7	4	8
2	8	7	4	5	9	3	6	1
3	4	5	8	1	7	9	2	6
9	2	8	6	4	3	5	1	7
1	7	6	5	9	2	4	8	3
8	1	9	3	7	4	6	5	2
7	5	4	1	2	6	8	3	9
6	3	2	9	8	5	1	7	4

103

6	7	2	4	8	5	9	3	1
5	8	3	1	9	2	4	7	6
1	4	9	7	3	6	8	2	5
4	2	8	3	1	9	5	6	7
7	5	1	6	2	4	3	8	9
3	9	6	5	7	8	1	4	2
2	6	5	8	4	1	7	9	3
9	3	4	2	5	7	6	1	8
8	1	7	9	6	3	2	5	4

104

2	6	8	5	4	1	7	3	9
1	4	3	9	7	2	8	5	6
5	9	7	3	8	6	1	4	2
6	2	9	1	5	7	3	8	4
4	7	5	6	3	8	9	2	1
8	3	1	2	9	4	5	6	7
3	8	4	7	6	9	2	1	5
9	1	6	8	2	5	4	7	3
7	5	2	4	1	3	6	9	8

105

4	9	7	1	5	6	3	8	2
5	6	8	3	7	2	9	1	4
1	3	2	9	8	4	5	6	7
8	1	3	7	2	9	4	5	6
6	7	4	5	1	8	2	9	3
2	5	9	4	6	3	8	7	1
9	2	5	6	4	1	7	3	8
7	8	1	2	3	5	6	4	9
3	4	6	8	9	7	1	2	5

106

7	9	6	5	4	3	8	1	2
3	4	8	1	9	2	6	5	7
2	1	5	8	7	6	3	9	4
6	8	7	2	3	1	9	4	5
9	5	3	7	8	4	1	2	6
1	2	4	9	6	5	7	8	3
4	7	9	3	5	8	2	6	1
5	3	2	6	1	9	4	7	8
8	6	1	4	2	7	5	3	9

107

2	1	4	6	9	8	3	5	7
8	5	6	7	2	3	1	4	9
9	7	3	4	1	5	8	2	6
4	3	9	5	8	7	2	6	1
5	6	7	1	3	2	4	9	8
1	8	2	9	4	6	7	3	5
6	4	8	2	5	1	9	7	3
3	9	5	8	7	4	6	1	2
7	2	1	3	6	9	5	8	4

108

2	6	4	8	7	1	9	5	3
7	5	9	6	3	4	1	8	2
3	1	8	5	2	9	6	7	4
6	4	1	7	5	3	2	9	8
9	2	5	1	4	8	7	3	6
8	3	7	2	9	6	5	4	1
1	9	3	4	6	5	8	2	7
4	7	6	9	8	2	3	1	5
5	8	2	3	1	7	4	6	9

109

2	1	7	3	5	9	6	8	4
5	9	8	6	4	7	3	1	2
4	3	6	1	2	8	9	5	7
7	5	3	4	1	2	8	6	9
8	6	1	7	9	3	2	4	5
9	2	4	8	6	5	7	3	1
6	7	2	5	8	1	4	9	3
1	8	9	2	3	4	5	7	6
3	4	5	9	7	6	1	2	8

110

3	4	8	6	5	2	9	7	1
2	9	7	1	3	8	5	6	4
6	1	5	7	9	4	3	8	2
8	3	9	2	4	6	7	1	5
1	2	4	3	7	5	6	9	8
5	7	6	9	8	1	4	2	3
7	8	3	4	2	9	1	5	6
9	6	2	5	1	3	8	4	7
4	5	1	8	6	7	2	3	9

111

5	6	2	8	4	3	7	1	9
8	3	4	7	9	1	5	2	6
9	7	1	5	2	6	3	4	8
1	9	7	6	5	8	4	3	2
4	8	3	2	1	9	6	7	5
2	5	6	4	3	7	8	9	1
7	4	9	1	8	5	2	6	3
3	2	5	9	6	4	1	8	7
6	1	8	3	7	2	9	5	4

112

9	4	1	3	6	2	8	5	7
5	2	6	7	8	1	4	9	3
8	3	7	5	4	9	6	1	2
1	6	4	8	9	3	7	2	5
7	8	3	2	1	5	9	6	4
2	9	5	4	7	6	1	3	8
3	1	8	6	5	4	2	7	9
4	5	9	1	2	7	3	8	6
6	7	2	9	3	8	5	4	1

113

8	5	9	7	3	1	6	4	2
7	6	3	5	2	4	8	9	1
4	1	2	8	6	9	3	7	5
2	9	4	1	5	8	7	6	3
5	8	6	9	7	3	1	2	4
1	3	7	2	4	6	5	8	9
3	2	8	6	9	5	4	1	7
6	7	5	4	1	2	9	3	8
9	4	1	3	8	7	2	5	6

114

8	1	5	4	9	2	6	3	7
4	3	9	6	1	7	2	8	5
6	7	2	8	3	5	4	1	9
3	8	6	9	5	4	7	2	1
5	9	1	2	7	6	3	4	8
7	2	4	1	8	3	5	9	6
9	6	7	3	2	1	8	5	4
2	5	8	7	4	9	1	6	3
1	4	3	5	6	8	9	7	2

115

3	8	4	6	1	2	5	7	9
7	9	2	5	3	8	6	4	1
6	1	5	7	9	4	8	3	2
2	4	1	3	8	6	9	5	7
5	7	8	1	2	9	3	6	4
9	6	3	4	7	5	2	1	8
8	5	6	2	4	7	1	9	3
1	2	7	9	5	3	4	8	6
4	3	9	8	6	1	7	2	5

116

2	7	5	4	1	6	3	8	9
1	9	8	2	3	7	4	5	6
3	6	4	9	8	5	7	1	2
7	8	3	5	6	1	2	9	4
4	1	9	7	2	3	8	6	5
6	5	2	8	4	9	1	7	3
9	4	6	3	7	8	5	2	1
5	2	7	1	9	4	6	3	8
8	3	1	6	5	2	9	4	7

117

5	3	6	8	7	2	9	4	1
1	4	8	6	9	3	2	5	7
7	2	9	1	5	4	8	3	6
2	1	7	5	3	8	4	6	9
6	5	4	9	2	1	7	8	3
9	8	3	7	4	6	5	1	2
8	6	2	4	1	7	3	9	5
4	7	5	3	6	9	1	2	8
3	9	1	2	8	5	6	7	4

118

9	1	7	6	4	8	3	5	2
6	2	8	9	5	3	1	7	4
3	4	5	2	7	1	8	6	9
8	7	1	4	6	2	9	3	5
4	6	2	3	9	5	7	8	1
5	3	9	8	1	7	4	2	6
7	9	3	5	2	4	6	1	8
2	8	4	1	3	6	5	9	7
1	5	6	7	8	9	2	4	3

119

4	5	9	6	2	7	3	1	8
6	3	8	5	1	4	7	9	2
7	1	2	3	8	9	6	4	5
1	8	7	2	3	5	4	6	9
2	4	6	7	9	8	5	3	1
3	9	5	1	4	6	2	8	7
5	7	3	9	6	1	8	2	4
8	2	1	4	7	3	9	5	6
9	6	4	8	5	2	1	7	3

120

4	3	9	1	7	2	6	5	8
2	8	7	3	6	5	4	1	9
1	5	6	4	9	8	7	2	3
7	9	3	8	1	6	5	4	2
8	2	1	5	3	4	9	7	6
6	4	5	9	2	7	8	3	1
5	1	4	2	8	9	3	6	7
3	6	8	7	5	1	2	9	4
9	7	2	6	4	3	1	8	5

121

6	2	9	8	4	3	7	1	5
1	3	8	5	6	7	4	9	2
7	4	5	1	9	2	6	8	3
5	7	1	4	3	6	8	2	9
2	8	6	9	7	5	3	4	1
4	9	3	2	1	8	5	7	6
3	1	4	7	5	9	2	6	8
8	5	7	6	2	1	9	3	4
9	6	2	3	8	4	1	5	7

122

9	8	1	5	2	4	3	7	6
2	5	3	6	8	7	9	1	4
7	4	6	9	3	1	2	5	8
5	9	8	1	6	2	4	3	7
1	2	7	4	5	3	6	8	9
6	3	4	8	7	9	5	2	1
3	6	5	7	9	8	1	4	2
8	1	2	3	4	6	7	9	5
4	7	9	2	1	5	8	6	3

123

8	5	4	2	9	6	7	1	3
1	7	9	5	3	8	6	4	2
3	6	2	7	4	1	5	8	9
5	4	7	9	6	2	8	3	1
2	3	8	1	5	4	9	7	6
6	9	1	8	7	3	2	5	4
4	8	3	6	2	7	1	9	5
7	2	5	3	1	9	4	6	8
9	1	6	4	8	5	3	2	7

124

8	3	9	7	4	1	6	2	5
6	4	5	9	2	8	7	1	3
7	2	1	5	3	6	9	4	8
1	9	2	8	5	3	4	7	6
3	5	6	4	7	9	1	8	2
4	8	7	6	1	2	5	3	9
9	6	4	2	8	7	3	5	1
5	1	8	3	6	4	2	9	7
2	7	3	1	9	5	8	6	4

125

6	4	1	2	3	5	9	7	8
8	3	2	9	7	6	4	5	1
5	9	7	4	1	8	3	6	2
9	5	3	8	2	7	6	1	4
7	2	6	1	5	4	8	9	3
4	1	8	6	9	3	5	2	7
2	8	4	5	6	1	7	3	9
3	6	9	7	4	2	1	8	5
1	7	5	3	8	9	2	4	6

126

1	3	8	2	4	7	9	5	6
7	2	9	6	5	3	8	1	4
4	5	6	1	9	8	3	2	7
2	7	5	9	1	6	4	8	3
8	6	1	4	3	2	7	9	5
9	4	3	7	8	5	1	6	2
6	9	7	8	2	4	5	3	1
3	8	2	5	7	1	6	4	9
5	1	4	3	6	9	2	7	8

127

4	2	5	6	9	1	3	7	8
6	3	8	4	7	5	2	1	9
9	1	7	8	3	2	6	4	5
1	5	6	2	4	9	8	3	7
2	9	3	7	1	8	5	6	4
8	7	4	3	5	6	1	9	2
5	6	9	1	2	7	4	8	3
7	4	1	5	8	3	9	2	6
3	8	2	9	6	4	7	5	1

128

5	3	7	4	2	6	1	8	9
1	9	2	8	5	3	6	4	7
6	4	8	7	9	1	5	2	3
4	7	1	2	3	8	9	5	6
3	2	5	6	7	9	8	1	4
8	6	9	1	4	5	3	7	2
7	5	3	9	8	2	4	6	1
9	1	4	5	6	7	2	3	8
2	8	6	3	1	4	7	9	5

129

1	8	3	4	9	7	6	2	5
7	2	6	1	5	3	9	4	8
9	5	4	8	2	6	7	1	3
5	3	2	6	7	4	8	9	1
8	6	1	2	3	9	4	5	7
4	7	9	5	1	8	3	6	2
3	4	5	7	6	1	2	8	9
2	9	8	3	4	5	1	7	6
6	1	7	9	8	2	5	3	4

130

5	1	8	9	3	6	7	2	4
4	9	6	1	7	2	5	8	3
2	7	3	5	8	4	9	1	6
3	2	1	6	5	7	4	9	8
8	5	9	4	2	1	6	3	7
7	6	4	3	9	8	2	5	1
6	3	2	8	4	5	1	7	9
9	4	5	7	1	3	8	6	2
1	8	7	2	6	9	3	4	5

131

7	6	8	4	9	5	2	3	1
4	1	5	3	2	6	8	7	9
2	9	3	7	1	8	5	6	4
3	5	6	1	7	2	4	9	8
1	7	4	8	5	9	3	2	6
9	8	2	6	4	3	7	1	5
8	3	9	2	6	4	1	5	7
6	2	7	5	8	1	9	4	3
5	4	1	9	3	7	6	8	2

132

4	8	3	5	6	9	1	7	2
2	7	6	1	3	4	8	5	9
5	9	1	2	8	7	6	4	3
9	2	8	4	7	5	3	1	6
1	6	7	3	9	8	4	2	5
3	5	4	6	2	1	9	8	7
6	1	2	8	5	3	7	9	4
7	4	5	9	1	6	2	3	8
8	3	9	7	4	2	5	6	1

133

4	8	6	3	7	5	2	9	1
5	2	9	8	1	4	3	7	6
3	7	1	6	2	9	5	4	8
7	3	8	9	6	2	4	1	5
2	9	4	1	5	8	6	3	7
6	1	5	4	3	7	9	8	2
1	4	3	5	8	6	7	2	9
8	6	2	7	9	3	1	5	4
9	5	7	2	4	1	8	6	3

134

7	1	5	8	9	3	4	2	6
9	6	2	4	7	1	8	5	3
3	8	4	5	2	6	1	7	9
4	7	3	6	5	8	9	1	2
5	2	8	1	3	9	7	6	4
1	9	6	2	4	7	5	3	8
6	5	9	7	8	2	3	4	1
2	3	7	9	1	4	6	8	5
8	4	1	3	6	5	2	9	7

135

5	1	4	8	7	2	6	9	3
8	3	6	9	5	1	7	2	4
2	9	7	4	3	6	8	1	5
4	7	3	1	8	9	2	5	6
1	5	2	6	4	3	9	7	8
6	8	9	7	2	5	3	4	1
9	4	8	5	6	7	1	3	2
7	2	5	3	1	8	4	6	9
3	6	1	2	9	4	5	8	7

136

5	8	1	3	4	7	6	9	2
7	3	9	2	6	1	5	8	4
2	4	6	9	8	5	7	1	3
8	5	7	1	2	3	9	4	6
1	2	3	4	9	6	8	7	5
9	6	4	5	7	8	2	3	1
3	9	2	8	5	4	1	6	7
6	1	5	7	3	9	4	2	8
4	7	8	6	1	2	3	5	9

137

6	8	4	7	5	2	9	1	3
9	5	7	3	8	1	2	4	6
2	1	3	6	9	4	7	5	8
5	6	2	9	1	7	8	3	4
4	3	9	5	2	8	6	7	1
1	7	8	4	6	3	5	2	9
3	2	6	8	4	5	1	9	7
7	9	1	2	3	6	4	8	5
8	4	5	1	7	9	3	6	2

138

7	8	5	2	1	6	9	3	4
1	6	4	8	3	9	7	5	2
3	2	9	5	7	4	8	6	1
9	5	1	7	8	2	6	4	3
6	7	3	4	9	1	2	8	5
2	4	8	3	6	5	1	9	7
8	9	7	1	5	3	4	2	6
4	3	6	9	2	7	5	1	8
5	1	2	6	4	8	3	7	9

139

8	4	2	9	6	3	1	7	5
1	3	9	5	8	7	4	2	6
6	5	7	1	2	4	8	9	3
9	2	6	4	3	5	7	1	8
5	1	8	7	9	6	2	3	4
3	7	4	2	1	8	6	5	9
2	9	3	8	4	1	5	6	7
4	6	5	3	7	2	9	8	1
7	8	1	6	5	9	3	4	2

140

7	3	5	4	9	1	2	6	8
2	4	6	7	8	5	9	3	1
9	8	1	2	3	6	4	7	5
5	7	9	6	1	3	8	2	4
6	2	3	9	4	8	5	1	7
4	1	8	5	2	7	3	9	6
3	5	7	8	6	9	1	4	2
8	9	2	1	7	4	6	5	3
1	6	4	3	5	2	7	8	9

141

7	6	3	5	2	9	1	8	4
8	1	9	3	6	4	7	2	5
2	5	4	1	7	8	6	3	9
1	7	2	9	4	5	3	6	8
3	9	6	2	8	1	5	4	7
4	8	5	6	3	7	9	1	2
5	2	8	7	1	6	4	9	3
6	4	7	8	9	3	2	5	1
9	3	1	4	5	2	8	7	6

142

3	6	4	2	8	9	5	7	1
9	7	8	4	5	1	2	3	6
5	1	2	6	7	3	4	8	9
1	2	9	5	4	8	3	6	7
7	5	3	1	6	2	9	4	8
8	4	6	9	3	7	1	5	2
4	8	1	7	9	5	6	2	3
6	9	7	3	2	4	8	1	5
2	3	5	8	1	6	7	9	4

143

5	1	3	2	9	4	8	7	6
4	2	8	6	5	7	1	9	3
6	7	9	8	1	3	5	2	4
9	4	2	3	6	1	7	5	8
1	3	7	5	8	2	4	6	9
8	5	6	7	4	9	3	1	2
3	8	1	9	2	5	6	4	7
2	6	4	1	7	8	9	3	5
7	9	5	4	3	6	2	8	1

144

6	2	5	7	8	4	1	3	9
3	4	7	9	6	1	2	5	8
1	9	8	3	2	5	7	4	6
4	1	2	5	7	9	6	8	3
8	5	9	2	3	6	4	1	7
7	6	3	4	1	8	9	2	5
2	3	6	1	5	7	8	9	4
5	8	4	6	9	2	3	7	1
9	7	1	8	4	3	5	6	2

145

8	6	2	1	4	5	3	7	9
9	5	7	3	8	2	1	4	6
1	4	3	6	7	9	5	8	2
2	3	5	8	6	7	9	1	4
4	8	1	2	9	3	6	5	7
7	9	6	5	1	4	8	2	3
6	2	8	7	3	1	4	9	5
5	1	9	4	2	6	7	3	8
3	7	4	9	5	8	2	6	1

146

2	8	9	4	3	1	7	6	5
6	5	1	8	7	9	3	2	4
4	7	3	5	6	2	8	9	1
1	9	8	3	2	4	6	5	7
7	3	6	1	5	8	9	4	2
5	2	4	6	9	7	1	3	8
3	6	2	7	1	5	4	8	9
9	4	7	2	8	6	5	1	3
8	1	5	9	4	3	2	7	6

147

2	3	9	4	1	8	5	6	7
8	5	1	2	7	6	9	4	3
4	7	6	5	3	9	2	8	1
6	9	7	3	4	2	8	1	5
1	2	3	8	5	7	4	9	6
5	4	8	6	9	1	7	3	2
9	8	5	1	2	3	6	7	4
3	6	4	7	8	5	1	2	9
7	1	2	9	6	4	3	5	8

148

6	1	5	4	9	7	2	3	8
4	7	2	8	3	6	5	9	1
3	9	8	2	5	1	4	7	6
2	5	3	9	8	4	1	6	7
9	6	1	7	2	3	8	5	4
7	8	4	1	6	5	3	2	9
5	4	9	6	1	2	7	8	3
8	2	7	3	4	9	6	1	5
1	3	6	5	7	8	9	4	2

149

3	4	9	5	7	6	8	1	2
8	5	1	4	2	3	9	7	6
7	2	6	9	1	8	4	5	3
2	8	7	3	6	5	1	4	9
9	6	3	1	8	4	7	2	5
5	1	4	2	9	7	3	6	8
6	3	8	7	5	1	2	9	4
1	9	5	8	4	2	6	3	7
4	7	2	6	3	9	5	8	1

150

5	6	2	4	3	7	9	8	1
3	1	7	6	9	8	5	2	4
8	9	4	1	5	2	7	6	3
9	7	6	3	2	4	8	1	5
4	2	5	8	1	9	3	7	6
1	8	3	5	7	6	4	9	2
2	5	9	7	6	3	1	4	8
6	4	1	9	8	5	2	3	7
7	3	8	2	4	1	6	5	9

151

4	6	1	8	9	5	2	7	3
8	9	3	6	7	2	4	5	1
7	2	5	3	4	1	8	6	9
3	5	9	1	6	8	7	4	2
1	4	7	2	5	9	6	3	8
2	8	6	4	3	7	9	1	5
5	3	4	9	8	6	1	2	7
6	1	8	7	2	3	5	9	4
9	7	2	5	1	4	3	8	6

152

3	1	8	7	9	5	2	4	6
5	9	4	2	1	6	8	3	7
7	2	6	8	4	3	5	9	1
8	3	1	5	6	4	7	2	9
2	6	9	1	3	7	4	5	8
4	5	7	9	8	2	6	1	3
9	8	2	6	5	1	3	7	4
6	4	5	3	7	9	1	8	2
1	7	3	4	2	8	9	6	5

153

7	6	9	5	8	2	4	1	3
2	4	1	3	6	9	5	7	8
5	8	3	4	1	7	6	9	2
8	9	5	1	4	6	2	3	7
4	7	2	9	3	5	1	8	6
3	1	6	2	7	8	9	5	4
6	5	7	8	9	4	3	2	1
1	2	4	7	5	3	8	6	9
9	3	8	6	2	1	7	4	5

154

1	4	9	3	6	7	2	5	8
2	7	5	1	8	4	6	3	9
3	8	6	5	2	9	4	1	7
6	5	8	9	1	2	7	4	3
9	2	4	7	3	5	8	6	1
7	1	3	6	4	8	9	2	5
8	9	2	4	5	1	3	7	6
5	3	7	2	9	6	1	8	4
4	6	1	8	7	3	5	9	2

155

4	6	9	1	8	7	3	5	2
1	2	7	6	3	5	8	9	4
8	3	5	9	4	2	7	1	6
2	8	3	4	6	1	9	7	5
5	4	1	7	9	8	2	6	3
9	7	6	2	5	3	4	8	1
6	1	2	3	7	9	5	4	8
7	5	4	8	2	6	1	3	9
3	9	8	5	1	4	6	2	7

156

2	1	9	3	6	8	5	4	7
6	7	5	9	2	4	8	1	3
3	4	8	5	7	1	9	2	6
5	3	6	8	4	2	1	7	9
7	2	1	6	9	3	4	8	5
8	9	4	1	5	7	3	6	2
1	8	7	2	3	9	6	5	4
4	6	3	7	1	5	2	9	8
9	5	2	4	8	6	7	3	1

157

1	9	4	2	3	6	8	5	7
7	2	8	9	5	1	3	6	4
5	3	6	8	4	7	1	9	2
3	4	7	5	8	2	9	1	6
2	6	9	4	1	3	7	8	5
8	5	1	6	7	9	2	4	3
4	1	2	3	6	8	5	7	9
6	7	3	1	9	5	4	2	8
9	8	5	7	2	4	6	3	1

158

1	7	9	8	2	3	6	5	4
6	5	2	7	4	1	8	3	9
4	3	8	5	6	9	7	1	2
8	4	7	2	5	6	1	9	3
5	2	3	9	1	7	4	6	8
9	1	6	4	3	8	5	2	7
3	8	1	6	9	4	2	7	5
2	9	4	1	7	5	3	8	6
7	6	5	3	8	2	9	4	1

159

9	7	5	8	1	6	4	2	3
2	8	3	5	7	4	6	9	1
1	4	6	9	3	2	7	8	5
8	1	4	2	6	9	5	3	7
6	3	9	7	5	8	2	1	4
5	2	7	1	4	3	9	6	8
4	6	2	3	8	5	1	7	9
7	9	8	4	2	1	3	5	6
3	5	1	6	9	7	8	4	2

160

5	7	3	2	4	9	6	8	1
8	9	1	5	3	6	2	7	4
2	6	4	1	7	8	3	9	5
3	4	2	9	6	1	8	5	7
7	8	9	3	2	5	1	4	6
1	5	6	4	8	7	9	2	3
9	1	7	8	5	3	4	6	2
4	3	5	6	9	2	7	1	8
6	2	8	7	1	4	5	3	9

161

3	6	8	9	5	7	1	2	4
4	9	5	8	1	2	3	7	6
7	2	1	4	3	6	9	5	8
2	4	9	7	8	3	6	1	5
5	8	3	1	6	4	2	9	7
1	7	6	2	9	5	8	4	3
6	5	7	3	2	1	4	8	9
9	1	4	6	7	8	5	3	2
8	3	2	5	4	9	7	6	1

162

3	9	5	7	8	1	2	4	6
4	8	2	5	9	6	1	7	3
6	7	1	3	2	4	8	9	5
9	5	4	2	6	3	7	8	1
8	2	3	4	1	7	6	5	9
7	1	6	8	5	9	4	3	2
5	4	8	1	3	2	9	6	7
1	3	9	6	7	8	5	2	4
2	6	7	9	4	5	3	1	8

163

5	6	8	2	9	4	3	7	1
4	9	3	1	6	7	2	8	5
7	2	1	5	8	3	6	9	4
1	4	6	8	3	5	7	2	9
9	5	7	6	4	2	8	1	3
8	3	2	7	1	9	5	4	6
3	7	9	4	2	6	1	5	8
2	1	4	3	5	8	9	6	7
6	8	5	9	7	1	4	3	2

164

3	2	4	6	5	7	1	8	9
5	8	7	1	9	3	2	6	4
1	6	9	2	8	4	5	7	3
6	1	2	9	4	8	7	3	5
7	9	8	5	3	2	6	4	1
4	3	5	7	6	1	8	9	2
8	4	6	3	2	5	9	1	7
2	7	3	8	1	9	4	5	6
9	5	1	4	7	6	3	2	8

165

9	5	4	7	2	8	6	1	3
8	1	7	3	6	4	5	2	9
3	2	6	5	9	1	8	4	7
6	4	1	8	7	2	3	9	5
7	9	8	4	5	3	1	6	2
2	3	5	9	1	6	4	7	8
4	7	9	1	3	5	2	8	6
1	6	3	2	8	7	9	5	4
5	8	2	6	4	9	7	3	1

166

2	8	7	9	3	5	6	1	4
6	3	4	2	8	1	9	5	7
5	1	9	6	7	4	8	2	3
3	6	8	4	5	7	2	9	1
7	2	1	8	9	6	3	4	5
9	4	5	3	1	2	7	8	6
4	9	3	1	6	8	5	7	2
1	5	6	7	2	9	4	3	8
8	7	2	5	4	3	1	6	9

167

1	7	5	2	8	6	4	9	3
4	6	9	1	7	3	5	2	8
2	3	8	5	4	9	6	7	1
3	5	6	8	2	4	7	1	9
8	9	4	7	6	1	2	3	5
7	2	1	9	3	5	8	4	6
9	8	3	4	5	2	1	6	7
5	1	2	6	9	7	3	8	4
6	4	7	3	1	8	9	5	2

168

4	1	3	6	5	9	8	7	2
2	7	5	8	4	1	9	6	3
6	8	9	2	3	7	4	5	1
1	5	8	7	9	2	6	3	4
7	3	6	1	8	4	5	2	9
9	4	2	3	6	5	1	8	7
5	2	7	4	1	6	3	9	8
8	9	4	5	2	3	7	1	6
3	6	1	9	7	8	2	4	5

169

9	7	1	5	8	6	4	2	3
6	2	5	4	3	7	8	9	1
8	4	3	2	9	1	6	7	5
2	5	9	8	6	4	3	1	7
4	3	8	7	1	2	5	6	9
7	1	6	9	5	3	2	4	8
1	9	2	3	4	8	7	5	6
3	6	7	1	2	5	9	8	4
5	8	4	6	7	9	1	3	2

170

6	7	1	5	3	8	4	9	2
5	4	3	2	9	7	6	1	8
9	2	8	6	1	4	7	5	3
2	3	5	1	7	6	9	8	4
1	8	7	4	2	9	5	3	6
4	6	9	8	5	3	1	2	7
8	9	2	7	4	5	3	6	1
3	1	4	9	6	2	8	7	5
7	5	6	3	8	1	2	4	9

171

7	3	5	8	2	9	6	4	1
1	9	8	6	7	4	2	3	5
2	4	6	1	5	3	7	8	9
4	5	3	7	1	6	8	9	2
8	7	9	5	4	2	1	6	3
6	2	1	9	3	8	4	5	7
3	1	4	2	8	5	9	7	6
9	8	7	3	6	1	5	2	4
5	6	2	4	9	7	3	1	8

172

9	2	8	7	1	3	4	6	5
1	7	5	6	2	4	3	8	9
3	6	4	5	8	9	1	7	2
6	5	1	4	9	7	2	3	8
8	4	3	2	5	6	7	9	1
7	9	2	8	3	1	6	5	4
2	3	6	9	4	8	5	1	7
5	1	9	3	7	2	8	4	6
4	8	7	1	6	5	9	2	3

173

1	5	4	9	3	6	8	7	2
6	9	3	2	8	7	5	4	1
8	7	2	5	1	4	6	3	9
9	8	6	4	2	1	3	5	7
3	2	7	8	9	5	1	6	4
5	4	1	7	6	3	9	2	8
2	1	5	6	4	9	7	8	3
4	6	9	3	7	8	2	1	5
7	3	8	1	5	2	4	9	6

174

8	5	9	6	1	2	4	3	7
7	2	3	8	5	4	1	6	9
1	6	4	3	7	9	5	2	8
9	8	6	1	4	7	3	5	2
3	7	5	2	6	8	9	1	4
2	4	1	5	9	3	7	8	6
4	3	2	9	8	1	6	7	5
6	1	7	4	2	5	8	9	3
5	9	8	7	3	6	2	4	1

175

8	1	2	9	4	7	5	6	3
3	4	9	5	6	1	2	8	7
7	5	6	8	3	2	1	4	9
5	2	3	1	7	6	4	9	8
6	7	8	4	5	9	3	1	2
1	9	4	2	8	3	7	5	6
2	6	5	7	1	8	9	3	4
4	3	7	6	9	5	8	2	1
9	8	1	3	2	4	6	7	5

176

5	3	6	8	1	2	7	4	9
4	1	9	3	6	7	2	8	5
7	8	2	9	5	4	1	6	3
1	2	7	4	8	3	5	9	6
6	4	3	5	2	9	8	7	1
9	5	8	6	7	1	3	2	4
2	6	4	1	3	8	9	5	7
8	9	1	7	4	5	6	3	2
3	7	5	2	9	6	4	1	8

177

8	2	6	5	4	3	9	1	7
4	9	7	1	8	2	5	6	3
3	1	5	9	6	7	8	2	4
6	8	4	7	5	1	3	9	2
7	5	9	2	3	6	4	8	1
1	3	2	8	9	4	6	7	5
5	7	8	3	1	9	2	4	6
2	4	3	6	7	8	1	5	9
9	6	1	4	2	5	7	3	8

178

7	9	8	1	4	5	2	3	6
2	5	1	6	3	9	8	7	4
3	6	4	2	7	8	5	9	1
6	1	2	4	8	3	9	5	7
5	4	7	9	6	2	3	1	8
8	3	9	7	5	1	6	4	2
9	2	6	3	1	4	7	8	5
1	7	5	8	9	6	4	2	3
4	8	3	5	2	7	1	6	9

179

9	3	1	4	6	5	8	7	2
5	8	4	7	2	1	6	3	9
6	7	2	8	9	3	4	1	5
7	6	5	2	1	9	3	4	8
4	1	3	6	5	8	9	2	7
8	2	9	3	7	4	1	5	6
1	5	8	9	4	2	7	6	3
3	4	6	5	8	7	2	9	1
2	9	7	1	3	6	5	8	4

180

5	2	7	9	4	3	6	1	8
1	4	6	8	2	7	5	9	3
9	8	3	1	6	5	2	4	7
3	6	8	2	5	4	1	7	9
7	1	2	6	9	8	3	5	4
4	9	5	3	7	1	8	2	6
8	5	4	7	3	2	9	6	1
6	7	1	5	8	9	4	3	2
2	3	9	4	1	6	7	8	5

181

2	1	5	8	4	3	9	6	7
3	4	7	2	9	6	5	8	1
8	6	9	1	7	5	2	4	3
7	5	3	6	1	2	8	9	4
1	2	8	9	3	4	6	7	5
4	9	6	7	5	8	1	3	2
9	3	1	5	8	7	4	2	6
6	8	4	3	2	1	7	5	9
5	7	2	4	6	9	3	1	8

182

8	2	9	7	3	4	6	1	5
5	4	7	6	8	1	3	9	2
1	6	3	5	9	2	8	7	4
2	3	8	1	6	9	4	5	7
9	5	1	3	4	7	2	6	8
4	7	6	2	5	8	1	3	9
3	8	5	9	2	6	7	4	1
6	1	4	8	7	5	9	2	3
7	9	2	4	1	3	5	8	6

183

2	3	6	1	4	7	9	8	5
4	1	5	8	9	2	6	3	7
8	9	7	5	6	3	4	1	2
3	5	9	6	7	8	2	4	1
6	4	1	9	2	5	8	7	3
7	8	2	3	1	4	5	9	6
5	2	8	7	3	9	1	6	4
9	6	3	4	5	1	7	2	8
1	7	4	2	8	6	3	5	9

184

5	9	6	4	8	1	3	7	2
2	8	1	3	7	6	4	9	5
3	7	4	2	9	5	8	6	1
9	6	3	5	2	8	7	1	4
7	2	5	9	1	4	6	8	3
4	1	8	6	3	7	2	5	9
6	5	9	8	4	3	1	2	7
1	3	2	7	6	9	5	4	8
8	4	7	1	5	2	9	3	6

185

6	1	2	4	5	3	7	9	8
7	5	9	2	1	8	4	3	6
3	4	8	9	7	6	2	1	5
5	2	1	3	8	7	6	4	9
4	3	7	6	9	2	5	8	1
8	9	6	1	4	5	3	7	2
9	8	3	5	2	4	1	6	7
1	6	5	7	3	9	8	2	4
2	7	4	8	6	1	9	5	3

186

5	1	7	9	8	3	6	2	4
2	8	3	6	7	4	5	1	9
9	4	6	1	2	5	3	8	7
4	5	8	7	3	1	9	6	2
6	3	1	2	4	9	8	7	5
7	9	2	8	5	6	4	3	1
8	2	4	3	9	7	1	5	6
1	7	5	4	6	8	2	9	3
3	6	9	5	1	2	7	4	8

187

4	9	6	7	3	2	1	8	5
5	2	1	4	8	6	7	3	9
3	7	8	9	5	1	6	4	2
1	4	3	8	6	5	9	2	7
8	6	9	2	7	3	4	5	1
7	5	2	1	9	4	8	6	3
6	1	7	3	2	8	5	9	4
9	3	5	6	4	7	2	1	8
2	8	4	5	1	9	3	7	6

188

4	2	6	5	9	1	8	3	7
5	1	7	6	8	3	9	4	2
3	9	8	4	2	7	5	1	6
2	8	5	9	4	6	1	7	3
1	4	9	3	7	8	2	6	5
7	6	3	2	1	5	4	8	9
6	5	2	1	3	4	7	9	8
9	7	1	8	6	2	3	5	4
8	3	4	7	5	9	6	2	1

189

9	5	8	4	6	2	7	3	1
3	2	6	7	1	5	8	4	9
4	7	1	8	9	3	6	2	5
1	8	4	9	2	7	5	6	3
5	6	3	1	8	4	2	9	7
7	9	2	3	5	6	4	1	8
2	3	7	5	4	9	1	8	6
8	4	5	6	3	1	9	7	2
6	1	9	2	7	8	3	5	4

190

4	6	9	2	7	8	5	3	1
7	1	2	6	3	5	4	9	8
8	3	5	4	9	1	2	6	7
9	4	1	8	5	3	6	7	2
3	2	6	7	1	4	9	8	5
5	8	7	9	6	2	3	1	4
2	9	3	5	8	7	1	4	6
1	5	8	3	4	6	7	2	9
6	7	4	1	2	9	8	5	3

191

5	7	4	9	6	2	1	3	8
6	3	1	7	5	8	2	4	9
2	9	8	4	1	3	5	6	7
8	1	6	2	3	7	4	9	5
4	5	3	1	9	6	8	7	2
9	2	7	8	4	5	3	1	6
3	8	9	5	7	1	6	2	4
7	6	5	3	2	4	9	8	1
1	4	2	6	8	9	7	5	3

192

4	2	7	3	5	8	6	9	1
8	9	5	2	6	1	4	7	3
6	1	3	9	4	7	2	8	5
1	3	8	6	7	5	9	4	2
2	5	4	8	9	3	7	1	6
9	7	6	4	1	2	3	5	8
3	8	1	7	2	9	5	6	4
5	4	9	1	3	6	8	2	7
7	6	2	5	8	4	1	3	9

193

4	3	5	7	2	6	8	9	1
1	9	7	4	8	3	2	6	5
2	8	6	1	9	5	7	3	4
3	1	4	6	5	7	9	2	8
7	5	8	2	3	9	4	1	6
9	6	2	8	1	4	5	7	3
8	7	9	3	4	1	6	5	2
6	2	1	5	7	8	3	4	9
5	4	3	9	6	2	1	8	7

194

9	3	4	6	1	8	7	2	5
2	6	5	9	4	7	3	8	1
7	1	8	2	5	3	9	4	6
5	2	3	4	9	1	8	6	7
8	4	7	5	3	6	1	9	2
1	9	6	8	7	2	4	5	3
3	8	2	1	6	4	5	7	9
4	5	1	7	2	9	6	3	8
6	7	9	3	8	5	2	1	4

195

3	2	8	9	7	6	1	4	5
4	7	5	1	3	8	2	9	6
9	6	1	4	5	2	7	3	8
1	8	6	2	4	3	9	5	7
7	4	9	8	6	5	3	2	1
2	5	3	7	1	9	6	8	4
6	3	4	5	2	7	8	1	9
8	1	7	3	9	4	5	6	2
5	9	2	6	8	1	4	7	3

196

1	3	4	7	8	2	9	6	5
8	9	5	1	6	3	2	4	7
2	7	6	9	4	5	1	8	3
4	5	7	6	3	9	8	2	1
3	6	2	8	5	1	4	7	9
9	1	8	2	7	4	3	5	6
5	8	3	4	9	6	7	1	2
6	4	1	3	2	7	5	9	8
7	2	9	5	1	8	6	3	4

197

8	2	9	7	5	6	4	3	1
3	5	1	8	9	4	7	6	2
6	4	7	3	1	2	9	5	8
5	3	8	6	7	9	1	2	4
1	6	2	4	8	5	3	9	7
9	7	4	2	3	1	6	8	5
7	8	5	9	4	3	2	1	6
4	9	6	1	2	8	5	7	3
2	1	3	5	6	7	8	4	9

198

1	4	3	7	8	9	5	2	6
9	5	6	3	2	4	7	1	8
7	8	2	5	1	6	3	4	9
5	7	9	1	4	2	8	6	3
6	2	1	8	7	3	4	9	5
4	3	8	6	9	5	2	7	1
8	6	7	4	5	1	9	3	2
3	9	4	2	6	8	1	5	7
2	1	5	9	3	7	6	8	4

199

6	9	7	1	5	4	2	3	8
4	8	1	7	2	3	9	6	5
5	2	3	6	9	8	4	7	1
9	4	6	8	7	2	1	5	3
7	5	2	3	4	1	8	9	6
1	3	8	9	6	5	7	2	4
2	6	5	4	1	7	3	8	9
3	1	9	2	8	6	5	4	7
8	7	4	5	3	9	6	1	2

200

2	7	8	5	4	3	1	6	9
4	6	9	2	1	8	5	7	3
3	5	1	9	7	6	2	4	8
5	4	7	6	9	2	8	3	1
1	3	2	8	5	7	4	9	6
9	8	6	1	3	4	7	5	2
8	2	3	4	6	5	9	1	7
7	9	5	3	8	1	6	2	4
6	1	4	7	2	9	3	8	5

201

7	8	6	9	5	3	2	4	1
1	3	4	7	2	6	9	8	5
2	9	5	1	8	4	3	6	7
3	2	1	8	4	7	5	9	6
4	6	9	5	1	2	7	3	8
5	7	8	6	3	9	4	1	2
8	1	3	4	7	5	6	2	9
9	4	7	2	6	8	1	5	3
6	5	2	3	9	1	8	7	4

202

3	4	6	8	1	9	5	2	7
8	2	1	7	3	5	9	4	6
7	9	5	2	6	4	3	1	8
1	7	2	3	9	6	8	5	4
9	6	4	5	2	8	1	7	3
5	8	3	1	4	7	6	9	2
4	1	9	6	8	2	7	3	5
2	5	8	9	7	3	4	6	1
6	3	7	4	5	1	2	8	9

203

7	1	3	2	5	8	6	9	4
2	8	6	3	4	9	5	7	1
4	9	5	6	7	1	3	8	2
1	3	2	9	6	4	7	5	8
6	5	7	1	8	2	4	3	9
8	4	9	7	3	5	1	2	6
3	7	8	4	9	6	2	1	5
5	2	4	8	1	7	9	6	3
9	6	1	5	2	3	8	4	7

204

9	1	7	3	2	5	4	8	6
6	8	5	4	1	9	2	7	3
4	3	2	7	6	8	1	5	9
3	5	4	2	8	6	7	9	1
2	9	1	5	4	7	3	6	8
7	6	8	1	9	3	5	2	4
5	7	6	8	3	1	9	4	2
1	2	9	6	7	4	8	3	5
8	4	3	9	5	2	6	1	7

205

9	5	2	3	4	1	8	7	6
7	3	8	6	5	2	1	9	4
1	4	6	9	8	7	2	5	3
8	7	3	5	1	9	6	4	2
5	2	4	7	6	3	9	1	8
6	1	9	8	2	4	5	3	7
3	8	5	4	9	6	7	2	1
4	6	1	2	7	5	3	8	9
2	9	7	1	3	8	4	6	5

206

4	9	5	6	8	1	2	3	7
1	6	3	2	7	9	5	4	8
8	2	7	5	3	4	6	9	1
9	8	4	1	6	3	7	5	2
3	1	2	7	5	8	9	6	4
7	5	6	9	4	2	8	1	3
5	3	8	4	9	7	1	2	6
2	7	9	3	1	6	4	8	5
6	4	1	8	2	5	3	7	9

207

5	4	1	7	8	3	6	2	9
9	7	2	1	6	4	8	5	3
6	3	8	5	9	2	1	7	4
3	8	5	4	2	7	9	1	6
7	2	4	6	1	9	3	8	5
1	6	9	3	5	8	7	4	2
2	9	6	8	4	1	5	3	7
8	5	7	2	3	6	4	9	1
4	1	3	9	7	5	2	6	8

208

9	5	6	7	3	2	8	4	1
7	4	1	8	6	9	5	2	3
3	2	8	1	5	4	9	7	6
8	9	3	5	2	7	6	1	4
4	7	2	9	1	6	3	8	5
6	1	5	4	8	3	7	9	2
1	8	4	3	9	5	2	6	7
5	6	7	2	4	8	1	3	9
2	3	9	6	7	1	4	5	8

209

5	2	9	6	1	3	7	8	4
6	8	1	4	7	2	5	9	3
7	3	4	5	9	8	2	1	6
8	9	3	2	5	4	6	7	1
1	4	5	7	3	6	9	2	8
2	7	6	9	8	1	3	4	5
9	6	7	1	4	5	8	3	2
3	1	2	8	6	7	4	5	9
4	5	8	3	2	9	1	6	7

210

5	9	3	8	1	6	2	7	4
1	8	4	3	2	7	6	9	5
7	6	2	9	4	5	8	3	1
8	7	6	5	3	1	9	4	2
4	2	1	7	8	9	3	5	6
9	3	5	4	6	2	1	8	7
6	5	9	1	7	8	4	2	3
3	1	7	2	9	4	5	6	8
2	4	8	6	5	3	7	1	9

211

3	6	7	8	4	9	1	5	2
5	9	1	6	2	3	8	7	4
4	8	2	5	1	7	6	9	3
8	3	6	7	5	4	9	2	1
2	7	4	1	9	6	3	8	5
1	5	9	2	3	8	4	6	7
9	4	8	3	7	5	2	1	6
7	1	3	9	6	2	5	4	8
6	2	5	4	8	1	7	3	9

212

1	5	7	4	2	6	8	9	3
6	3	2	8	9	5	1	7	4
4	9	8	7	3	1	5	6	2
8	7	4	1	6	3	2	5	9
9	2	6	5	4	8	3	1	7
5	1	3	2	7	9	4	8	6
7	4	1	9	5	2	6	3	8
3	8	9	6	1	4	7	2	5
2	6	5	3	8	7	9	4	1

213

3	7	2	6	9	1	4	5	8
6	8	1	4	5	2	9	3	7
5	9	4	3	8	7	1	2	6
8	3	6	1	2	4	5	7	9
4	5	7	8	3	9	6	1	2
2	1	9	7	6	5	8	4	3
1	2	3	9	4	6	7	8	5
7	6	8	5	1	3	2	9	4
9	4	5	2	7	8	3	6	1

214

9	6	3	1	5	2	8	4	7
8	2	7	6	4	9	5	1	3
5	4	1	8	7	3	2	9	6
3	5	8	9	2	7	1	6	4
2	7	4	5	1	6	3	8	9
1	9	6	4	3	8	7	2	5
7	8	5	2	6	4	9	3	1
4	1	9	3	8	5	6	7	2
6	3	2	7	9	1	4	5	8

215

7	8	3	2	6	9	5	1	4
2	5	9	1	8	4	3	7	6
6	4	1	7	5	3	8	2	9
4	2	6	3	7	8	1	9	5
9	1	8	5	4	2	6	3	7
3	7	5	9	1	6	4	8	2
5	9	2	6	3	1	7	4	8
1	6	4	8	9	7	2	5	3
8	3	7	4	2	5	9	6	1

216

7	3	8	4	6	2	5	9	1
1	2	4	9	7	5	3	6	8
5	9	6	8	1	3	4	2	7
9	4	5	2	8	6	7	1	3
8	7	1	5	3	9	2	4	6
3	6	2	7	4	1	8	5	9
2	8	9	1	5	7	6	3	4
4	1	3	6	2	8	9	7	5
6	5	7	3	9	4	1	8	2

217

4	1	8	6	2	7	5	3	9
2	9	7	1	5	3	8	4	6
3	5	6	8	9	4	7	1	2
6	2	5	9	4	8	3	7	1
7	3	9	5	6	1	4	2	8
8	4	1	3	7	2	9	6	5
1	8	2	4	3	9	6	5	7
9	6	3	7	1	5	2	8	4
5	7	4	2	8	6	1	9	3

218

7	4	1	6	5	9	8	2	3
5	9	2	8	3	4	1	7	6
3	8	6	2	7	1	4	9	5
1	3	9	7	8	5	2	6	4
4	2	7	3	1	6	9	5	8
6	5	8	4	9	2	3	1	7
8	1	3	9	6	7	5	4	2
2	7	5	1	4	8	6	3	9
9	6	4	5	2	3	7	8	1

219

1	3	2	9	8	4	5	7	6
4	7	6	5	3	1	2	9	8
8	9	5	2	6	7	1	4	3
7	1	3	6	2	9	4	8	5
6	8	4	1	7	5	9	3	2
5	2	9	8	4	3	7	6	1
9	6	8	4	1	2	3	5	7
2	5	7	3	9	8	6	1	4
3	4	1	7	5	6	8	2	9

220

4	6	7	8	5	1	9	3	2
1	8	2	7	9	3	6	4	5
9	5	3	6	4	2	7	8	1
3	7	5	4	1	6	2	9	8
6	4	9	3	2	8	5	1	7
8	2	1	9	7	5	3	6	4
7	1	4	2	6	9	8	5	3
2	3	6	5	8	4	1	7	9
5	9	8	1	3	7	4	2	6

221

9	1	8	6	2	7	3	5	4
5	3	2	1	8	4	7	6	9
4	7	6	5	9	3	2	8	1
7	2	4	3	6	8	9	1	5
3	5	1	9	4	2	6	7	8
8	6	9	7	5	1	4	2	3
6	9	7	4	1	5	8	3	2
2	4	5	8	3	6	1	9	7
1	8	3	2	7	9	5	4	6

222

7	6	4	8	9	5	2	3	1
5	1	3	4	7	2	6	9	8
9	8	2	1	6	3	4	5	7
6	5	7	3	4	1	8	2	9
4	2	1	9	8	6	5	7	3
8	3	9	2	5	7	1	4	6
3	7	6	5	2	8	9	1	4
1	4	5	6	3	9	7	8	2
2	9	8	7	1	4	3	6	5

223

9	4	1	2	7	8	5	6	3
5	6	3	4	1	9	7	8	2
2	7	8	5	6	3	4	1	9
1	9	4	7	8	6	2	3	5
8	3	5	1	2	4	6	9	7
6	2	7	3	9	5	8	4	1
4	1	2	6	3	7	9	5	8
7	5	9	8	4	1	3	2	6
3	8	6	9	5	2	1	7	4

224

3	7	2	1	9	4	5	6	8
4	1	9	5	6	8	3	7	2
6	8	5	3	2	7	9	4	1
9	4	7	8	1	2	6	5	3
5	6	1	9	7	3	8	2	4
2	3	8	4	5	6	7	1	9
8	5	3	6	4	1	2	9	7
1	2	6	7	3	9	4	8	5
7	9	4	2	8	5	1	3	6

225

2	6	5	4	3	1	7	9	8
4	1	7	6	9	8	3	5	2
8	3	9	5	2	7	4	1	6
7	5	2	3	1	6	9	8	4
9	4	6	2	8	5	1	7	3
3	8	1	9	7	4	6	2	5
1	2	3	8	4	9	5	6	7
5	9	8	7	6	3	2	4	1
6	7	4	1	5	2	8	3	9

226

5	1	3	2	4	6	9	7	8
4	9	8	7	1	5	6	2	3
2	6	7	3	8	9	4	1	5
8	4	9	5	2	1	3	6	7
7	3	1	8	6	4	5	9	2
6	2	5	9	7	3	8	4	1
3	7	6	4	5	2	1	8	9
1	5	2	6	9	8	7	3	4
9	8	4	1	3	7	2	5	6

227

9	4	2	8	1	3	6	7	5
5	8	6	9	4	7	3	2	1
1	7	3	6	2	5	9	4	8
8	3	9	1	7	2	5	6	4
7	1	5	3	6	4	2	8	9
2	6	4	5	8	9	1	3	7
6	2	1	4	5	8	7	9	3
4	9	7	2	3	1	8	5	6
3	5	8	7	9	6	4	1	2

228

4	8	5	9	6	2	3	7	1
1	6	2	4	3	7	8	5	9
3	9	7	1	8	5	6	2	4
8	1	6	3	5	4	2	9	7
9	5	3	7	2	1	4	8	6
2	7	4	8	9	6	5	1	3
7	3	1	2	4	8	9	6	5
6	4	8	5	7	9	1	3	2
5	2	9	6	1	3	7	4	8

229

7	5	3	8	4	2	6	9	1
8	9	4	7	6	1	3	2	5
6	2	1	5	9	3	7	8	4
1	4	7	6	5	9	8	3	2
5	3	6	2	8	7	1	4	9
2	8	9	1	3	4	5	7	6
4	1	8	9	7	5	2	6	3
3	6	2	4	1	8	9	5	7
9	7	5	3	2	6	4	1	8

230

8	5	9	2	1	7	6	4	3
7	3	1	4	8	6	9	5	2
2	4	6	3	5	9	7	1	8
3	1	8	6	9	5	4	2	7
4	9	5	7	2	8	1	3	6
6	7	2	1	3	4	5	8	9
5	6	3	8	7	1	2	9	4
9	8	4	5	6	2	3	7	1
1	2	7	9	4	3	8	6	5

231

6	9	2	8	1	4	3	5	7
4	8	3	7	5	6	2	9	1
1	7	5	2	3	9	8	4	6
7	4	9	5	2	1	6	3	8
8	2	1	6	9	3	4	7	5
3	5	6	4	7	8	9	1	2
2	3	7	9	6	5	1	8	4
5	1	8	3	4	2	7	6	9
9	6	4	1	8	7	5	2	3

232

9	4	8	3	2	1	5	7	6
1	5	6	9	7	8	2	4	3
2	7	3	4	5	6	8	1	9
6	3	9	7	8	2	4	5	1
4	8	1	5	6	9	3	2	7
5	2	7	1	4	3	9	6	8
7	9	2	6	3	4	1	8	5
8	1	5	2	9	7	6	3	4
3	6	4	8	1	5	7	9	2

233

4	5	2	9	8	1	6	7	3
6	9	1	5	3	7	8	4	2
8	3	7	4	2	6	9	1	5
3	4	9	8	7	2	5	6	1
2	7	6	3	1	5	4	8	9
1	8	5	6	4	9	3	2	7
5	2	3	1	6	8	7	9	4
7	6	4	2	9	3	1	5	8
9	1	8	7	5	4	2	3	6

234

9	4	6	2	7	1	8	5	3
1	3	8	4	9	5	7	2	6
5	2	7	8	6	3	1	9	4
7	1	5	3	2	9	4	6	8
8	9	4	7	1	6	5	3	2
2	6	3	5	8	4	9	1	7
4	5	2	9	3	7	6	8	1
3	7	1	6	5	8	2	4	9
6	8	9	1	4	2	3	7	5

235

8	3	9	7	4	6	2	1	5
7	5	4	2	8	1	6	3	9
6	2	1	9	5	3	4	7	8
3	7	6	4	9	2	8	5	1
4	1	5	8	6	7	3	9	2
2	9	8	1	3	5	7	4	6
5	6	7	3	1	8	9	2	4
9	8	3	5	2	4	1	6	7
1	4	2	6	7	9	5	8	3

236

5	3	2	9	7	4	1	8	6
8	9	4	2	1	6	5	3	7
1	7	6	8	5	3	9	2	4
3	8	9	5	6	7	4	1	2
6	4	1	3	9	2	7	5	8
2	5	7	1	4	8	3	6	9
7	2	8	4	3	5	6	9	1
4	1	3	6	2	9	8	7	5
9	6	5	7	8	1	2	4	3

237

3	7	1	2	6	9	5	4	8
5	2	8	4	7	3	9	1	6
9	6	4	8	5	1	2	3	7
6	4	9	5	2	7	1	8	3
1	3	2	9	8	4	6	7	5
7	8	5	1	3	6	4	9	2
2	9	7	6	4	8	3	5	1
8	1	6	3	9	5	7	2	4
4	5	3	7	1	2	8	6	9

238

5	7	1	8	6	4	3	9	2
6	8	9	2	3	1	5	4	7
3	4	2	5	7	9	8	1	6
4	1	5	7	8	3	2	6	9
7	9	3	6	1	2	4	8	5
2	6	8	4	9	5	7	3	1
8	3	7	9	2	6	1	5	4
9	2	4	1	5	8	6	7	3
1	5	6	3	4	7	9	2	8

239

1	8	7	9	6	4	2	5	3
3	9	4	5	2	8	6	1	7
5	2	6	7	3	1	4	9	8
4	6	1	3	5	7	8	2	9
2	3	8	4	1	9	5	7	6
9	7	5	6	8	2	1	3	4
7	4	2	8	9	5	3	6	1
8	1	3	2	7	6	9	4	5
6	5	9	1	4	3	7	8	2

240

4	7	2	8	5	9	3	1	6
9	1	6	7	4	3	8	2	5
8	5	3	1	2	6	7	9	4
6	8	5	4	9	1	2	3	7
2	9	7	6	3	5	4	8	1
3	4	1	2	8	7	5	6	9
5	2	8	9	6	4	1	7	3
7	3	9	5	1	8	6	4	2
1	6	4	3	7	2	9	5	8

241

8	4	7	5	6	1	9	3	2
3	1	6	9	2	4	7	8	5
5	2	9	8	7	3	4	1	6
6	9	8	4	3	2	1	5	7
1	5	3	7	8	6	2	4	9
2	7	4	1	5	9	8	6	3
9	8	2	6	1	5	3	7	4
7	3	5	2	4	8	6	9	1
4	6	1	3	9	7	5	2	8

242

4	3	7	5	1	2	6	8	9
5	2	9	6	8	4	1	3	7
8	6	1	7	3	9	5	4	2
2	7	6	3	5	1	8	9	4
3	4	5	8	9	6	7	2	1
1	9	8	2	4	7	3	5	6
6	8	4	1	2	5	9	7	3
7	5	2	9	6	3	4	1	8
9	1	3	4	7	8	2	6	5

243

2	5	1	7	6	3	8	9	4
7	6	3	8	4	9	5	1	2
4	8	9	1	5	2	6	3	7
3	7	5	6	2	4	9	8	1
9	2	4	3	8	1	7	5	6
8	1	6	5	9	7	4	2	3
1	3	8	9	7	6	2	4	5
5	4	7	2	3	8	1	6	9
6	9	2	4	1	5	3	7	8

244

4	6	7	8	9	2	1	5	3
1	3	2	5	4	6	9	7	8
8	9	5	1	7	3	4	2	6
2	7	8	6	3	4	5	9	1
6	5	9	2	1	8	7	3	4
3	4	1	9	5	7	8	6	2
7	8	3	4	2	5	6	1	9
9	2	4	7	6	1	3	8	5
5	1	6	3	8	9	2	4	7

245

7	2	8	1	5	9	3	4	6
5	1	4	3	7	6	2	9	8
3	6	9	8	4	2	1	7	5
8	4	6	5	2	1	7	3	9
1	3	7	6	9	4	8	5	2
9	5	2	7	8	3	6	1	4
6	9	1	4	3	8	5	2	7
2	8	5	9	1	7	4	6	3
4	7	3	2	6	5	9	8	1

246

7	4	2	6	5	1	8	3	9
8	6	1	9	7	3	4	5	2
9	5	3	4	8	2	6	7	1
4	2	9	5	1	6	3	8	7
5	3	8	2	9	7	1	4	6
1	7	6	3	4	8	2	9	5
3	9	4	1	2	5	7	6	8
6	1	7	8	3	9	5	2	4
2	8	5	7	6	4	9	1	3

247

5	7	8	1	9	3	2	6	4
2	4	3	6	7	8	1	9	5
1	9	6	5	4	2	3	7	8
3	6	4	2	1	7	5	8	9
8	2	1	9	5	4	7	3	6
7	5	9	8	3	6	4	1	2
4	8	5	3	6	1	9	2	7
9	3	2	7	8	5	6	4	1
6	1	7	4	2	9	8	5	3

248

6	4	2	8	7	5	3	1	9
3	9	7	2	4	1	8	6	5
5	1	8	6	9	3	2	7	4
9	8	1	7	5	2	4	3	6
4	2	6	1	3	9	7	5	8
7	5	3	4	8	6	9	2	1
2	3	4	5	1	8	6	9	7
8	6	5	9	2	7	1	4	3
1	7	9	3	6	4	5	8	2

249

9	6	8	3	1	2	7	5	4
2	5	1	8	7	4	6	9	3
4	3	7	5	9	6	2	8	1
3	9	5	6	4	7	1	2	8
7	1	6	2	3	8	9	4	5
8	4	2	9	5	1	3	7	6
6	7	4	1	2	5	8	3	9
1	2	3	4	8	9	5	6	7
5	8	9	7	6	3	4	1	2

250

3	4	6	9	2	8	1	5	7
5	8	2	6	1	7	9	3	4
9	1	7	5	3	4	6	8	2
1	5	8	7	4	6	2	9	3
6	2	4	1	9	3	8	7	5
7	3	9	2	8	5	4	1	6
2	6	5	8	7	9	3	4	1
4	9	1	3	5	2	7	6	8
8	7	3	4	6	1	5	2	9

251

3	8	1	2	4	5	9	7	6
4	9	7	6	8	3	2	5	1
6	2	5	9	7	1	8	4	3
7	4	6	8	9	2	1	3	5
5	3	8	4	1	6	7	2	9
2	1	9	3	5	7	6	8	4
9	7	2	1	3	4	5	6	8
8	6	4	5	2	9	3	1	7
1	5	3	7	6	8	4	9	2

252

9	5	6	8	2	1	4	7	3
8	2	7	9	4	3	5	1	6
4	1	3	5	7	6	2	9	8
6	9	8	1	5	7	3	2	4
5	4	1	6	3	2	9	8	7
3	7	2	4	8	9	1	6	5
2	8	5	7	1	4	6	3	9
7	3	9	2	6	5	8	4	1
1	6	4	3	9	8	7	5	2

253

5	9	7	8	1	3	4	2	6
3	2	4	6	5	7	1	8	9
1	6	8	2	4	9	5	3	7
9	4	2	3	7	5	6	1	8
8	3	1	4	6	2	9	7	5
6	7	5	1	9	8	2	4	3
7	8	9	5	2	1	3	6	4
4	1	3	9	8	6	7	5	2
2	5	6	7	3	4	8	9	1

254

4	6	9	2	7	3	1	5	8
2	8	7	5	9	1	4	3	6
3	1	5	6	4	8	7	9	2
8	5	6	9	2	7	3	1	4
1	9	3	4	8	6	2	7	5
7	2	4	3	1	5	8	6	9
5	3	8	1	6	4	9	2	7
9	4	1	7	5	2	6	8	3
6	7	2	8	3	9	5	4	1

255

7	1	2	3	5	8	9	4	6
8	6	5	9	4	7	2	3	1
4	3	9	2	1	6	5	7	8
6	4	8	5	2	9	3	1	7
3	5	7	4	8	1	6	9	2
2	9	1	7	6	3	4	8	5
9	2	6	8	7	4	1	5	3
1	7	3	6	9	5	8	2	4
5	8	4	1	3	2	7	6	9

256

6	3	4	1	2	9	8	7	5
2	8	1	7	5	3	4	6	9
9	5	7	8	6	4	1	2	3
7	1	9	2	4	8	5	3	6
3	4	8	6	7	5	9	1	2
5	2	6	3	9	1	7	4	8
1	7	2	9	8	6	3	5	4
8	6	5	4	3	7	2	9	1
4	9	3	5	1	2	6	8	7

257

9	8	7	2	3	1	4	5	6
3	5	4	6	7	9	1	2	8
2	1	6	4	8	5	3	7	9
8	6	3	9	5	2	7	1	4
5	7	1	3	6	4	9	8	2
4	2	9	7	1	8	5	6	3
1	9	5	8	2	3	6	4	7
6	3	2	1	4	7	8	9	5
7	4	8	5	9	6	2	3	1

258

6	2	4	1	3	9	8	7	5
5	3	7	6	2	8	4	9	1
9	8	1	7	5	4	3	6	2
2	1	5	9	8	7	6	4	3
4	7	8	3	6	5	2	1	9
3	9	6	2	4	1	7	5	8
7	4	3	5	1	2	9	8	6
8	5	2	4	9	6	1	3	7
1	6	9	8	7	3	5	2	4

259

8	2	5	7	1	4	3	6	9
6	4	3	8	2	9	7	1	5
9	1	7	5	3	6	4	2	8
7	6	9	3	8	5	1	4	2
2	3	4	6	9	1	5	8	7
1	5	8	4	7	2	6	9	3
4	8	6	9	5	3	2	7	1
5	9	1	2	6	7	8	3	4
3	7	2	1	4	8	9	5	6

260

1	5	2	9	7	6	8	4	3
3	7	8	2	5	4	6	9	1
4	6	9	3	8	1	2	7	5
7	1	3	5	9	8	4	2	6
9	4	6	1	2	3	7	5	8
8	2	5	6	4	7	1	3	9
2	9	1	4	6	5	3	8	7
6	8	4	7	3	9	5	1	2
5	3	7	8	1	2	9	6	4

261

7	4	5	3	6	9	1	8	2
2	3	6	8	5	1	7	4	9
1	8	9	4	2	7	6	3	5
4	1	2	6	7	5	3	9	8
9	7	8	1	3	4	2	5	6
6	5	3	9	8	2	4	7	1
8	2	7	5	1	3	9	6	4
5	9	1	7	4	6	8	2	3
3	6	4	2	9	8	5	1	7

262

9	5	1	3	2	4	6	7	8
8	3	2	6	1	7	5	4	9
6	4	7	5	9	8	1	3	2
1	7	6	4	5	9	2	8	3
3	8	5	2	7	6	9	1	4
4	2	9	8	3	1	7	6	5
7	9	3	1	4	5	8	2	6
5	6	4	7	8	2	3	9	1
2	1	8	9	6	3	4	5	7

263

2	3	1	9	4	7	5	8	6
8	9	7	5	6	3	1	4	2
6	4	5	8	1	2	9	7	3
9	7	2	1	8	6	3	5	4
3	8	4	7	5	9	6	2	1
5	1	6	3	2	4	8	9	7
4	2	9	6	3	8	7	1	5
7	5	3	4	9	1	2	6	8
1	6	8	2	7	5	4	3	9

264

7	4	1	3	6	9	2	5	8
2	8	5	7	4	1	9	3	6
6	9	3	5	8	2	1	7	4
9	7	6	2	5	4	8	1	3
1	3	4	6	9	8	5	2	7
8	5	2	1	3	7	4	6	9
4	6	7	9	2	5	3	8	1
3	2	9	8	1	6	7	4	5
5	1	8	4	7	3	6	9	2

265

8	4	7	1	3	2	6	9	5
6	3	1	9	5	4	8	7	2
5	9	2	8	7	6	1	3	4
7	5	9	4	1	3	2	6	8
3	1	6	5	2	8	7	4	9
2	8	4	6	9	7	5	1	3
9	7	8	2	4	1	3	5	6
1	6	5	3	8	9	4	2	7
4	2	3	7	6	5	9	8	1

266

9	3	4	2	7	8	1	6	5
8	2	5	6	1	3	7	4	9
1	7	6	5	4	9	8	2	3
4	1	9	7	6	2	5	3	8
6	5	2	3	8	1	9	7	4
7	8	3	4	9	5	2	1	6
5	9	7	1	3	6	4	8	2
2	6	1	8	5	4	3	9	7
3	4	8	9	2	7	6	5	1

267

4	6	3	2	8	5	7	1	9
2	5	7	3	1	9	4	8	6
1	8	9	6	4	7	3	2	5
5	1	6	9	3	8	2	7	4
7	3	2	5	6	4	1	9	8
9	4	8	7	2	1	5	6	3
3	9	5	1	7	6	8	4	2
6	7	4	8	5	2	9	3	1
8	2	1	4	9	3	6	5	7

268

1	9	5	6	4	8	2	7	3
3	4	7	9	2	5	6	8	1
2	6	8	3	1	7	9	5	4
9	8	4	5	7	6	1	3	2
6	7	1	8	3	2	5	4	9
5	2	3	1	9	4	7	6	8
7	1	9	4	5	3	8	2	6
8	3	2	7	6	1	4	9	5
4	5	6	2	8	9	3	1	7

269

1	4	7	6	9	8	3	2	5
5	3	2	1	7	4	6	9	8
8	9	6	3	5	2	4	7	1
9	8	3	5	4	1	2	6	7
7	6	1	8	2	9	5	3	4
4	2	5	7	6	3	8	1	9
3	1	4	2	8	7	9	5	6
2	5	9	4	1	6	7	8	3
6	7	8	9	3	5	1	4	2

270

2	5	7	6	8	1	9	3	4
1	3	9	4	7	5	6	8	2
8	4	6	3	2	9	1	7	5
7	1	8	9	5	2	4	6	3
4	2	3	8	6	7	5	9	1
9	6	5	1	3	4	7	2	8
5	7	4	2	9	8	3	1	6
6	9	2	5	1	3	8	4	7
3	8	1	7	4	6	2	5	9

271

2	4	5	3	9	8	1	6	7
3	8	6	7	1	5	4	9	2
7	9	1	2	6	4	3	5	8
5	1	3	4	2	9	8	7	6
8	6	2	5	3	7	9	4	1
4	7	9	6	8	1	5	2	3
6	2	4	8	5	3	7	1	9
1	3	7	9	4	6	2	8	5
9	5	8	1	7	2	6	3	4

272

6	1	9	5	3	4	2	8	7
5	4	8	7	2	6	1	3	9
7	2	3	1	8	9	6	5	4
9	8	2	4	6	7	3	1	5
1	7	5	2	9	3	4	6	8
3	6	4	8	1	5	9	7	2
2	3	1	9	7	8	5	4	6
4	9	7	6	5	1	8	2	3
8	5	6	3	4	2	7	9	1

273

3	8	7	1	2	6	5	4	9
9	5	1	4	8	7	6	2	3
6	2	4	3	5	9	8	1	7
1	9	3	2	6	5	4	7	8
2	6	8	7	9	4	1	3	5
7	4	5	8	3	1	2	9	6
5	1	2	6	7	3	9	8	4
8	7	9	5	4	2	3	6	1
4	3	6	9	1	8	7	5	2

274

8	1	9	6	7	5	4	3	2
2	3	7	4	1	8	6	5	9
5	6	4	3	9	2	7	1	8
1	5	8	7	4	9	2	6	3
7	4	3	2	8	6	1	9	5
9	2	6	5	3	1	8	7	4
6	7	5	9	2	4	3	8	1
4	9	1	8	6	3	5	2	7
3	8	2	1	5	7	9	4	6

275

9	1	6	4	3	7	5	2	8
4	2	3	8	5	1	6	7	9
8	7	5	9	6	2	1	4	3
6	9	2	7	8	4	3	5	1
7	3	1	5	2	9	4	8	6
5	4	8	3	1	6	2	9	7
2	8	9	1	4	3	7	6	5
1	6	7	2	9	5	8	3	4
3	5	4	6	7	8	9	1	2

276

3	6	5	4	7	2	1	9	8
1	9	8	5	6	3	4	2	7
7	4	2	9	8	1	5	3	6
2	8	4	7	5	6	9	1	3
5	3	6	1	4	9	8	7	2
9	7	1	3	2	8	6	5	4
4	2	9	8	3	5	7	6	1
8	5	3	6	1	7	2	4	9
6	1	7	2	9	4	3	8	5

277

1	6	8	9	2	5	3	4	7
2	7	3	6	4	8	9	1	5
4	9	5	1	3	7	8	6	2
7	5	4	3	6	1	2	9	8
9	1	2	8	7	4	5	3	6
3	8	6	2	5	9	4	7	1
5	4	9	7	1	2	6	8	3
8	3	1	5	9	6	7	2	4
6	2	7	4	8	3	1	5	9

278

4	8	7	3	1	9	5	2	6
2	9	3	4	5	6	8	7	1
5	6	1	8	2	7	9	4	3
8	5	9	6	3	2	4	1	7
6	1	4	7	9	8	2	3	5
7	3	2	1	4	5	6	9	8
1	4	5	2	8	3	7	6	9
3	7	8	9	6	4	1	5	2
9	2	6	5	7	1	3	8	4

279

5	2	8	7	9	6	3	4	1
1	9	3	8	2	4	6	7	5
6	4	7	5	3	1	2	8	9
4	3	6	9	1	5	8	2	7
8	7	5	2	4	3	9	1	6
2	1	9	6	7	8	5	3	4
9	6	2	1	8	7	4	5	3
7	5	4	3	6	2	1	9	8
3	8	1	4	5	9	7	6	2

280

6	1	5	3	9	7	2	4	8
3	7	4	6	2	8	5	9	1
2	8	9	1	4	5	7	6	3
5	4	6	8	7	3	9	1	2
8	3	2	9	1	4	6	5	7
1	9	7	5	6	2	8	3	4
7	2	1	4	5	6	3	8	9
9	5	3	2	8	1	4	7	6
4	6	8	7	3	9	1	2	5

281

6	1	7	8	2	9	5	3	4
3	4	9	1	5	7	6	8	2
5	8	2	6	4	3	7	1	9
4	7	3	9	1	2	8	6	5
2	5	1	4	6	8	3	9	7
9	6	8	7	3	5	2	4	1
8	9	6	5	7	4	1	2	3
7	2	4	3	8	1	9	5	6
1	3	5	2	9	6	4	7	8

282

2	4	1	9	3	5	6	7	8
3	8	6	4	1	7	2	9	5
5	9	7	6	8	2	1	3	4
4	7	8	1	9	3	5	6	2
6	1	3	5	2	8	7	4	9
9	2	5	7	6	4	8	1	3
1	3	9	8	5	6	4	2	7
8	6	4	2	7	9	3	5	1
7	5	2	3	4	1	9	8	6

283

3	7	6	4	2	1	8	5	9
1	4	5	9	6	8	7	3	2
9	2	8	7	5	3	4	6	1
6	1	4	2	7	5	3	9	8
5	3	7	8	9	4	1	2	6
2	8	9	1	3	6	5	7	4
8	5	3	6	1	9	2	4	7
4	9	2	5	8	7	6	1	3
7	6	1	3	4	2	9	8	5

284

6	8	1	2	4	3	7	9	5
3	7	4	9	6	5	8	2	1
2	5	9	1	8	7	3	6	4
5	9	6	7	1	4	2	8	3
7	2	8	5	3	6	1	4	9
4	1	3	8	9	2	6	5	7
8	4	2	3	7	9	5	1	6
1	6	7	4	5	8	9	3	2
9	3	5	6	2	1	4	7	8

285

2	8	7	9	1	6	4	3	5
1	4	9	5	7	3	6	8	2
5	6	3	4	8	2	7	1	9
6	1	2	7	5	8	3	9	4
8	7	4	3	2	9	5	6	1
9	3	5	6	4	1	2	7	8
4	9	6	1	3	5	8	2	7
3	5	8	2	9	7	1	4	6
7	2	1	8	6	4	9	5	3

286

1	4	9	2	8	6	7	3	5
8	2	7	5	3	4	6	1	9
6	3	5	9	1	7	4	8	2
5	1	2	8	4	9	3	7	6
7	9	6	3	5	1	2	4	8
3	8	4	6	7	2	9	5	1
9	5	8	7	6	3	1	2	4
2	7	1	4	9	8	5	6	3
4	6	3	1	2	5	8	9	7

287

9	2	4	3	1	6	5	8	7
6	7	5	9	8	2	3	1	4
3	8	1	5	7	4	2	9	6
8	3	9	6	2	5	7	4	1
5	1	6	7	4	9	8	2	3
7	4	2	8	3	1	9	6	5
4	5	3	1	9	8	6	7	2
1	6	8	2	5	7	4	3	9
2	9	7	4	6	3	1	5	8

288

7	4	2	8	5	1	6	9	3
5	6	3	2	9	7	4	1	8
9	1	8	3	6	4	5	7	2
2	8	7	6	1	3	9	4	5
6	9	1	5	4	8	2	3	7
4	3	5	9	7	2	8	6	1
8	7	6	4	3	5	1	2	9
3	2	9	1	8	6	7	5	4
1	5	4	7	2	9	3	8	6

289

1	6	7	5	9	4	2	3	8
9	8	3	1	2	6	7	5	4
5	4	2	7	8	3	1	6	9
4	7	5	3	1	8	6	9	2
2	9	8	6	4	5	3	7	1
6	3	1	9	7	2	4	8	5
7	5	4	8	6	1	9	2	3
3	2	9	4	5	7	8	1	6
8	1	6	2	3	9	5	4	7

290

4	6	7	3	2	5	8	9	1
5	2	9	1	8	7	4	6	3
1	8	3	9	6	4	7	2	5
6	9	2	5	7	1	3	8	4
3	4	1	2	9	8	6	5	7
7	5	8	6	4	3	2	1	9
9	7	4	8	5	2	1	3	6
8	3	6	7	1	9	5	4	2
2	1	5	4	3	6	9	7	8

291

4	3	2	1	8	6	5	9	7
8	5	9	4	2	7	3	6	1
7	6	1	5	3	9	4	2	8
3	2	6	8	7	1	9	5	4
5	7	4	2	9	3	8	1	6
9	1	8	6	5	4	7	3	2
6	9	7	3	1	8	2	4	5
2	4	3	7	6	5	1	8	9
1	8	5	9	4	2	6	7	3

292

6	9	2	4	3	1	5	8	7
8	3	7	5	2	6	1	4	9
4	1	5	9	8	7	3	2	6
1	6	4	3	9	8	2	7	5
9	5	8	2	7	4	6	1	3
7	2	3	1	6	5	8	9	4
2	8	9	7	5	3	4	6	1
5	7	1	6	4	2	9	3	8
3	4	6	8	1	9	7	5	2

293

3	5	6	8	2	1	9	4	7
9	1	4	7	3	5	6	8	2
7	8	2	6	9	4	1	3	5
1	4	3	5	8	2	7	6	9
5	6	8	4	7	9	3	2	1
2	7	9	1	6	3	8	5	4
8	2	5	9	1	6	4	7	3
4	9	7	3	5	8	2	1	6
6	3	1	2	4	7	5	9	8

294

9	6	3	5	2	4	8	1	7
5	1	8	7	3	6	2	9	4
7	4	2	1	8	9	5	3	6
4	9	1	2	6	7	3	5	8
8	5	7	9	4	3	6	2	1
3	2	6	8	1	5	7	4	9
1	7	4	3	5	8	9	6	2
2	8	5	6	9	1	4	7	3
6	3	9	4	7	2	1	8	5

295

3	4	1	5	7	9	8	6	2
9	5	7	2	8	6	1	3	4
2	8	6	4	3	1	9	7	5
8	3	5	6	1	4	7	2	9
6	1	9	7	5	2	4	8	3
4	7	2	8	9	3	5	1	6
7	9	8	3	6	5	2	4	1
5	2	3	1	4	8	6	9	7
1	6	4	9	2	7	3	5	8

296

7	9	5	3	6	1	4	8	2
2	8	4	5	9	7	3	1	6
1	3	6	4	8	2	7	9	5
6	5	7	1	4	3	9	2	8
9	4	3	8	2	6	5	7	1
8	2	1	7	5	9	6	4	3
3	1	9	6	7	8	2	5	4
5	6	2	9	1	4	8	3	7
4	7	8	2	3	5	1	6	9

297

3	9	7	6	2	8	4	1	5
4	1	2	5	3	9	7	6	8
8	5	6	7	1	4	2	9	3
9	7	5	2	4	1	3	8	6
2	4	3	9	8	6	1	5	7
1	6	8	3	7	5	9	4	2
6	3	9	1	5	2	8	7	4
5	2	4	8	9	7	6	3	1
7	8	1	4	6	3	5	2	9

298

6	7	8	3	1	9	2	4	5
1	4	5	2	8	6	3	7	9
9	2	3	7	4	5	1	8	6
2	6	4	9	5	1	8	3	7
3	8	1	6	7	2	9	5	4
5	9	7	8	3	4	6	1	2
4	1	9	5	2	8	7	6	3
7	5	6	1	9	3	4	2	8
8	3	2	4	6	7	5	9	1

299

9	6	5	4	2	1	7	8	3
3	4	2	8	7	5	6	9	1
1	7	8	3	6	9	2	4	5
8	3	7	1	5	2	4	6	9
6	5	1	9	4	8	3	7	2
4	2	9	6	3	7	5	1	8
2	1	3	7	9	6	8	5	4
7	9	4	5	8	3	1	2	6
5	8	6	2	1	4	9	3	7

300

6	5	4	7	3	9	8	1	2
9	8	1	5	2	6	3	4	7
3	7	2	8	1	4	6	5	9
5	4	7	1	8	3	9	2	6
2	3	9	6	7	5	1	8	4
8	1	6	4	9	2	5	7	3
1	2	5	9	6	7	4	3	8
4	6	3	2	5	8	7	9	1
7	9	8	3	4	1	2	6	5